Arte de Cozinha

Domingos Rodrigues

Arte de Cozinha

{1680}

Com 31 receitas atualizadas por
Flávia Quaresma

Introdução de
Paula Pinto e Silva

D. JOÃO VI NO RIO

Prefeitura da Cidade do Rio de Janeiro

Prefeito Cesar Maia

*Comissão para as Comemorações da Chegada
de D. João e da Família Real ao Rio de Janeiro*

Alberto da Costa e Silva
COORDENADOR GERAL

Ricardo Macieira
SECRETÁRIO MUNICIPAL DAS CULTURAS

André Zambelli
SECRETÁRIO EXTRAORDINÁRIO
DO PATRIMÔNIO CULTURAL

Sonia Mograbi
SECRETÁRIA MUNICIPAL DE EDUCAÇÃO

Ágata Messina Pio Borges
SECRETÁRIA ESPECIAL DE COMUNICAÇÃO SOCIAL

Paulo Bastos Cezar
SUBSECRETÁRIO ESPECIAL DE TURISMO

CONSULTORAS
Lilia Moritz Schwarcz e Lúcia Garcia

*Originais do acervo da Fundação Biblioteca Nacional
gentilmente cedidos à Comissão*

República Federativa do Brasil

PRESIDENTE DO BRASIL
Luiz Inácio Lula da Silva

MINISTRO DA CULTURA
Gilberto Gil Moreira

Fundação Biblioteca Nacional

PRESIDENTE
Muniz Sodré de Araújo Cabral

DIRETORA EXECUTIVA
Célia Portella

COORDENADOR-GERAL DE PESQUISA E EDITORAÇÃO
Oscar Manoel da Costa Gonçalves

Senac Rio

PRESIDENTE DO CONSELHO REGIONAL
Orlando Diniz

DIRETOR DO DEPARTAMENTO REGIONAL
Carlos Miguel Aranguren

EDITORA
Andrea Fraga d'Egmont

INTRODUÇÃO, COORDENAÇÃO DE PREPARAÇÃO
DE TEXTO E REVISÃO TÉCNICA
Paula Pinto e Silva

TRANSCRIÇÃO DOS TEXTOS ORIGINAIS E GLOSSÁRIO
Silvana Vieira

ATUALIZAÇÃO DE 31 RECEITAS
Flávia Quaresma

PROJETO GRÁFICO
Victor Burton

ASSISTENTES DE DESIGN
Ana Paula Daudt Brandão,
Fernanda Garcia e Natali Nabekura

FOTOGRAFIAS DAS RECEITAS ATUALIZADAS
Sergio Pagano

PRODUÇÃO DAS FOTOS
Maria Luiza Ferrari e
Maria Clara Ferrari (assistente)

PESQUISA ICONOGRÁFICA
Victor Burton e Claudia Ricci

EDITORAÇÃO ELETRÔNICA E FINALIZAÇÃO
ô de casa

REVISÃO
Gratia Domingues, Isabella Leal
e Melissa Lopes

FOTOGRAFIAS DAS PÁGINAS 17 E 18
Gustavo Lopes

1ª edição: agosto de 2008

Editora Senac Rio
*Av. Franklin Roosevelt, 126/604 - Centro - Rio de Janeiro - RJ
Tel.: (21) 2510-7100 Fax: (21) 2240-9656 CEP: 20021-120*
www.rj.senac.br/editora - comercial.editora@rj.senac.br

SUMÁRIO

APRESENTAÇÃO

ALGUÉM PODERÁ ESTRANHAR QUE A COMISSÃO para as Comemorações da Chegada de D. João e da Família Real ao Rio de Janeiro tenha escolhido, para marcar a presença da culinária portuguesa no início do século XIX, um livro publicado pouco mais de cem anos antes, *Arte de cozinha*, de Domingos Rodrigues. Em 1794, o livro já estava em sua oitava edição – e outras se sucederiam –, e dela, bem como da tiragem de 1804, devem ter vindo de Lisboa alguns exemplares durante a estada da Corte no Rio de Janeiro, uma vez que pela obra de Domingos Rodrigues e pela de Lucas Rigaud, *O cozinheiro moderno*, regiam-se as mesas da nobreza.

As receitas desta edição de *Arte de cozinha* contribuíram para reforçar as bases portuguesas da culinária brasileira, uma culinária rica e intensamente mestiça, graças às permutas e adições de ingredientes e sabores ameríndios, europeus, asiáticos e africanos. Nela, o azeite de oliva convivia com o de dendê. Juntavam-se o alho e a cebola ao leite de coco e à malagueta, e as couves e as beringelas, aos maxixes e aos quiabos. E o pirão de mandioca, o arroz solto, o purê de batata e o angu de milho disputavam a preferência, não só nas senzalas e nas casinholas de barro socado, mas também nas salas de jantar das famílias importantes e endinheiradas.

Negra com Bandeja
Anónimo
[1ª METADE DO SÉC. XVIII]
ÓLEO SOBRE MADEIRA,
FRESS, MUSEU ESCOLA DE
ARTES DECORATIVAS
PORTUGUESAS, LISBOA

A contrastar com essa cozinha morena e plebéia, a Corte trouxe consigo maneiras de comer e receitas de prestígio, que eram antigas na Europa, mas se haviam esmaecido, amaciado ou caído em desuso no Rio de Janeiro. Com D. João, a cidade passara, contudo, a ter de hospedar e banquetear príncipes, fidalgos e embaixadores, e, para fazê-lo, muitas vezes escolhia o cardápio com os olhos neste livro. Das grandes casas senhoriais, algumas de suas receitas ganharam, abreviadas ou abrasileiradas, as cozinhas das famílias menos ricas, quando estas recebiam convidados de cerimônia. E, abreviadas, abrasileiradas e modernizadas por Flávia Quaresma, 31 constam desta edição de *Arte de cozinha*.

A Comissão para as Comemorações
da Chegada de D. João e da Família Real
ao Rio de Janeiro

NOTA DO EDITOR

Nesta reedição do primeiro livro de culinária publicado em língua portuguesa, procuramos manter a linguagem o mais próxima possível dos originais de Domingos Rodrigues. No trabalho de transcrição da obra – que não deixa de ser também uma tradução –, foram feitas poucas interferências, a maioria das quais diz respeito apenas à pontuação e à ortografia. De uma forma geral, portanto, optamos pela fidedignidade aos escritos desse mestre de cozinha do século XVII, preservando suas peculiaridades lingüísticas e até mesmo algumas inconsistências de conteúdo.

Somente a lista de receitas que figura no "Índice das principais coisas que nas três partes desta Arte se ensinam" foi editada, a fim de indicar a correlação das receitas descritas no decorrer do livro com as páginas desta edição.

Não ousamos reescrever os textos. Acreditamos que, se os editássemos à luz da norma culta e dos padrões editoriais hoje vigentes, publicaríamos uma outra obra, não a de Domingos Rodrigues.

Muitas das receitas não são mais exeqüíveis; algumas não são sequer inteligíveis. Até mesmo para seus contemporâneos, o autor não era exatamente claro. Como nos escreve a antropóloga Paula Pinto e Silva, autora da introdução, *Arte de cozinha* era "referência primordial a certo

Le Cuisinier
Anônimo
[SÉC. XVII]
GRAVURA,
FRANÇA

tipo de pensar e fazer culinário destinado às elites e às grandes casas da época". Refletia, assim, o espírito de um tempo em que os livros eram destinados aos ricos e "tinham em comum o fato de não se preocuparem nem com a indicação de medidas precisas, nem com a explicação das técnicas de cocção".

Além do texto esclarecedor de Paula Pinto e Silva, acrescentamos um glossário com alguns dos termos menos usuais para o leitor atual e 31 receitas adaptadas e atualizadas pela chef Flávia Quaresma. Essas podem ser feitas democraticamente pelo cozinheiro de hoje sem qualquer dificuldade. Abaixo do título de cada receita batizada por Flávia, há a indicação da receita de Domingos Rodrigues em que ela se baseou.

Parafraseando nosso autor, "mande-se à mesa".

eringellas, [...]
, couves, nabos, alcaxof[...]
nbem delle se fazem capellas
egas, trouxas, e tudo o mais
rem, accrescentando, ou dir[...]
conforme for a quantidade.

2 *Caril para qualquer peix[...]*

Aflogadas duas cebolas bem
[...] huma quarta de manteiga
[...]item-lhe huns poucos de car[...]
[...] ameijoas, com o leite de hu[...]
[...]e amendoas, e cozendo-se tu[...]
[...]ique hum tanto grosso, tem[...]
[...]adubos. Feito isto, coza-se n[...]
de arroz em agoa, e sal, ponh[...]
[...] algumas pos[...]

A arte do cozinheiro

Paula Pinto e Silva*

P ARA O ANTROPÓLOGO CLAUDE LÉVI-STRAUSS, a cozinha, como a linguagem, é uma forma de atividade humana universal; assim como não existe uma sociedade sem linguagem, também não existe nenhuma que, de uma forma ou de outra, não cozinhe pelo menos alguns dos seus alimentos.[1] O ato de comer é, nessa perspectiva, comum a todos os homens, seja por seu caráter urgente e necessário de sobrevivência, seja por seu aspecto social, uma vez que através dele os seres humanos podem estabelecer relações entre si e com o mundo que os cerca.

Mas o ato de comer não é igual em todas as sociedades. Ao contrário, é exatamente a diferença, marcada na escolha e na preparação dos alimentos, reforçada no modo de servir e de se comportar à mesa, que faz com que os estudos sobre alimentação sejam sempre boas possibilidades de se falar, para além da comida, de símbolos, regras e representações sobre o lugar em que se vive ou se imagina viver.[2]

Talvez seja por isso que cronistas, viajantes, cientistas, etnógrafos, médicos e curiosos de forma geral tenham freqüentemente se preocupado em descrever e registrar hábitos alimentares desconhecidos, principalmente aqueles de lugares longínquos e inóspitos, como os dos habitantes da América do século XVII ou XVIII, deixando

*Paula Pinto e Silva é mestre e doutora em Antropologia Social pela Universidade de São Paulo. Autora de Farinha, feijão e carne-seca. Um tripé culinário no Brasil colonial (São Paulo: Editora Senac São Paulo, 2005).

1 "O triângulo culinário", in: Lévi-Strauss (São Paulo: L'Arc Documentos, 1968).

2 Algumas idéias apresentadas neste texto fazem parte de uma reflexão que venho desenvolvendo há dez anos. Agradeço os comentários e as sugestões de Isabel Drumond Braga, Leila Algranti, Wanessa Asfora e André Toral.

farto material, base para análises de historiadores, antropólogos, sociólogos e nutricionistas.[3]

No entanto, se tais registros servem de ponto de partida para entender a alimentação sob óticas diversas, pode-se afirmar que nenhum deles foi inteiramente dedicado ao tema, aparecendo tão-somente como um capítulo, um apêndice ou uma passagem dentro de um objetivo maior – produzir conhecimento sobre *o outro*.

Por essa razão, os tratados e livros de culinária constituem fontes fundamentais para as pesquisas sobre a alimentação e a vida cotidiana: foram escritos por homens que viviam dentro das cozinhas, que dominavam as técnicas e a arte das panelas, embora tivessem o auxílio de profissionais para a redação dos livros. Baseados muitas vezes em receitas manuscritas, os autores propunham, pelo registro das receitas e pela invenção de outras, uma nova forma de educar o paladar e o gosto de uma parcela da sociedade em que viviam.

Arte de cozinha, escrito por Domingos Rodrigues e publicado em 1680, é o primeiro livro de receitas culinárias impresso em língua portuguesa. Como veremos, é também referência primordial a um certo tipo de pensar e fazer culinário destinado às elites e às grandes casas da época – e, mais tarde, à corte que se instalava no Brasil.

As perguntas sobre ele ainda são muitas. Afinal, como era a sua primeira edição? Qual foi sua tiragem? O que foi acrescentado às edições posteriores? E o que foi retirado? O que cada uma das muitas edições tem de particular? Quem fez as últimas alterações e quão significativas elas são? O que foi feito dos outros livros? Quem eram os leitores de *Arte de cozinha*?

Se não há respostas definitivas, ao menos é possível tentar encontrar saída para algumas delas, investigando a obra dentro do contexto em que foi escrita e, depois, no contexto brasileiro do início do século XIX, ampliando as possibilidades de captar as constâncias e as inovações culinárias trazidas pelo livro.

O historiador Carlo Ginzburg, interessado em mostrar como os detalhes aparentemente sem importância são surpreendentemente relevantes à explicação científica, propõe encontrar as raízes de um

3 *Para um levantamento exaustivo do material produzido por cronistas, viajantes e escritores a respeito desse tema, sugiro a leitura de Carlos Zeron (org.),* Equipamentos, usos e costumes da casa brasileira, *vol. 1 (São Paulo: Museu da Casa Brasileira, 2004).*

AO LADO
Natureza Morta
com Frutos e Flores
(DETALHE)
Anônimo
[SÉC. XVII-XVIII]
ÓLEO SOBRE TELA,
FRESS, MUSEU
ESCOLA DE ARTES
DECORATIVAS
PORTUGUESAS,
LISBOA

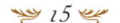

4 "Sinais: Raízes de um paradigma indiciário" in: Carlo Ginzburg, Mitos, emblemas e sinais (São Paulo, Companhia das Letras, 2003), p. 177.

5 "Doces de ovos, doces de freiras: a doçaria dos conventos portugueses no Livro de Receitas da irmã Maria Leocádia do Monte do Carmo (1729)." (Campinas: Cadernos Pagu, nº 17/18, 2001/2002), pp. 397-408. Sobre o aparecimento do gênero na Europa, sugiro a leitura de Bruno Larioux, Les livres de cuisine médiévaux (Turnhout (Bélgica): Brepols, 1997). Para saber mais sobre o surgimento dos livros de culinária na França, sugiro a leitura de Jean François Revel, Um banquete de palavras (São Paulo: Companhia das Letras, 1991) e Mary e Philip Hyman, "Os livros de cozinha na França entre os séculos XV e XIX", in: Jean-Louis Flandrin e Massimo Montanari, História da alimentação (São Paulo: Estação Liberdade, 1998).

paradigma indiciário estudando sinais e pormenores muitas vezes negligenciados. É preciso procurar, diz ele, por detrás da realidade opaca, chaves de acesso privilegiadas que ajudem a decifrá-la.[4]

Tal é o trabalho daquele que se vê às voltas com o passado: descobrir e confrontar pistas, traços, resíduos, nesse caso, escondidos entre tampas, panelas, temperos e cheiros. É exatamente sobre eles que falaremos agora.

Livros e mais livros

Segundo a historiadora Leila Mezan Algranti,[5] a partir do século XVI desenvolve-se uma literatura intermediária entre os manuscritos culinários e os livros de cozinha, especializada em multiplicar e separar os aspectos gerais do cuidado com a alimentação em diferentes setores: o estabelecimento de cardápios para ocasiões particulares, os cortes de carnes e a arrumação das mesas. Ao mesmo tempo, são criados padrões que diferenciam e definem as três novas artes que se anunciam à época: cozinha, confeitaria e copa.

Os livros de cozinha que surgem nesse formato, principalmente no século seguinte, são pouco numerosos, mas as constantes reedições de cada um dos títulos indicam que deviam ser bem-aceitos e muito procurados. E, se não há como fazer uma reconstituição exata da recepção de tal material nas sociedades que o produziram devido à raridade de documentos sobre o assunto, ao menos podemos pensar que os cozinheiros escritores tomavam conhecimento das obras publicadas por seus pares e respondiam a elas com rapidez e veemência, fosse na sutileza com que atribuíam o título à sua obra, fosse na contestação imediata dos erros e enganos de seus antecessores. Era como se os cozinheiros estabelecessem, nos livros e pelos livros, um diálogo sobre como era a cozinha que pretendia seguir as regras da arte, seletiva e erudita.

Assim, podemos pensar que a inspiração do nome do livro de Domingos Rodrigues pode ter vindo de *Arte de cocina, pastelaria,*

ARTE
DE
COZINHA.
PRIMEIRA PARTE.

TRATA DO MODO DE COZINHAR VA-
rios manjares, e diverfas iguarias de todo o genero de carnes, tortas, empadas, e pafteis, &c.

CAPITULO I.

De differentes pratos de fopas.

PRIMEIRO PRATO.

Sopa á Italiana.

PARA fe fazer fopa á Ita-
liana cozaõ-fe dous arrateis
de carneiro, e meio arratel
de toucinho em huma pa-
nella com canada e meia de
agua, meio quartilho de vinho, hum
golpe de vinagre, cheiros, e cebolas, ef-
tas cebolas haõ de fer cravejadas cõ cravo,

Arte de Cozinha
Domingos Rodrigues
[1794]
PÁGINA DE ABERTURA
DO PRIMEIRO
CAPÍTULO, FUNDAÇÃO
BIBLIOTECA NACIONAL

*M. Bortolomeo Scappi
dell arte del cucinare
con il mastro di casa
e trinciante*
Bortolomeo Scappi
[1643]
FOLHA DE ROSTO,
FUNDAÇÃO BIBLIOTECA
NACIONAL

vizcocheria e conserveria, de Francisco Martinez Montiño,[6] publicado em Madri em 1611. Cozinheiro de Felipe II, Felipe III e Felipe IV na Espanha, tendo servido também durante cinco anos em Portugal à princesa D. Joana, irmã de Felipe II,[7] o espanhol propõe que sejam servidos pratinhos de alcachofra, empanadas de perdizes e à inglesa, pratos com "azedeiras" (espécie de condimento que garante um sabor ácido à comida), além de aves e arroz à portuguesa, evidenciando não somente sua passagem pelas cozinhas de Portugal como também influenciando os cardápios dos cozinheiros que viriam a escrever mais tarde.

Tal suspeita se torna mais evidente quando Antonio de Aguiar e Silva, encarregado pelo Santo Ofício de dar licença à terceira impressão do livro de Domingos Rodrigues, escreve, em março de 1679, que, por ser pobre, era praticamente impossível que pudesse conhecer alguma coisa sobre o assunto de que tratava *Arte de cozinha*. No entanto, nota ele que:

Dois livros vi impressos desta Arte de cozinha, ambos castelhanos, um de Pedro Moreto, outro de Francisco Martines Montino, e confesso que senti muito que corressem em Portugal.[8]

Para ele, embora os livros de culinária fossem prejudiciais por incentivarem a gula e a forma de vida luxuosa, parecia ser necessário que ao menos um, publicado em português, pudesse servir para ensinar os principiantes. Era de esperar, portanto, que o livro espanhol tivesse alguma interferência sobre o livro português que chegou um pouco mais tarde.

É também a partir da segunda metade do século XVII, especialmente depois da publicação do livro *Le cuisinier françois*, de 1651 — escrito por François Pierre, vulgo La Varenne, e dedicado ao Marquês de Uxelles —, que assistiremos à ascensão e influência dos cozinheiros de grandes casas sobre os gostos de seus patrões, ajustando expectativas de lado a lado, estabelecendo uma relação inédita entre aquele que gostava de comer e aquele cujo ofício era cozinhar. Na França dessa época, o estabelecimento da gastronomia foi considerado tão importante quanto o da pintura, da arquitetura, da escultura ou da música, e era natural que o cozinheiro fosse tratado como um verdadeiro artista. Vivendo em uma época de mudanças e transições, o cozinheiro, tal

6 Arte de cocina, pastelaria, vizcocheria y conserveria. Composta por Francisco Martinez Montiño, Cozinero mayor del Rey nuestro señor. En Madrid, por la Viúva de Luis Sanches, *edição de 1628.* *Arquivo Fundação Biblioteca Nacional do Rio de Janeiro.*

7 *Marinque, Cecília Restrepo. Reseña del Libro "Arte de cocina; pastelaria; vizcocheria y conserveria" (Barcelona: Tusquets, 1982).*

8 Arte de cozinha. Composta e terceira vez acrescentada por Domingos Rodrigues. *(Lisboa: Oficina de Manoel Lopes Ferreira, 1693), s.p. Coleção Aracy Amaral – SP. A atualização ortográfica feita por Paula Pinto e Silva*

qual o artista, não era mais o artesão que trabalhava com as mãos e que estava preso a um ofício degradante e mecânico. Ele era alguém que pensava e que, portanto, utilizava-se do intelecto em seu trabalho. Mas havia um paradoxo: a cozinha estava relacionada às chamadas artes menores, tais como o artesanato e a produção de objetos utilitários, enquanto a música, a pintura e a poesia eram as artes que estavam ligadas à invenção intelectual. Por isso é possível dizer que os livros de culinária ocupam um lugar interessante: pretendem-se uma atividade intelectual, mas dedicam-se às necessidades urgentes do estômago. É, portanto, o cozinheiro-autor – aquele que conhece as regras e as práticas da cozinha e os preceitos higiênicos e médicos a ela associados – quem vai propor, pelos livros, as novas formas de combinar e de servir os alimentos, registrando também o modo pelo qual ele interpreta o mundo em que vive. Há uma atitude consciente, por parte do cozinheiro, em fixar não somente a realidade que ele observa, mas a idéia e a interpretação que faz dela. A semelhança entre o cozinheiro-autor e o artista fica também evidente na relação de mecenato que ambos estabelecem com os reis das cortes européias. O cozinheiro-autor acaba por antecipar o que viria a ser, um século mais tarde, nos termos de Jean François Revel, o "cozinheiro pensante",[9] aquele capaz de refletir sobre comida e inventar um modo novo de comer.

Durante quase cem anos, a obra de Domingos Rodrigues reinou soberana nas panelas da corte portuguesa. Foi somente durante o reinado de D. João V que chegaram ao reino vários cozinheiros franceses, entre eles, Vicent La Chapelle, que já tinha passado por casas na Inglaterra, na Holanda e na Alemanha e que publicou, em 1735, sua obra de quatro volumes intitulada *Le cuisinier moderne*.[10] O livro de La Chapelle traz muitas inovações, a começar pela apresentação de pranchas com ilustrações, consideradas tão sofisticadas quanto as de um livro de arte. Inova também no formato, já que o livro mede 19,6 cm por 11,6 cm,[11] enquanto o de Domingos Rodrigues, considerado de tamanho padrão para as publicações de culinária da época, não ultrapassava 10 cm por 16 cm. Mas La Chapelle inova, sobretudo, ao introduzir, no capítulo das sopas, um grande número de caldos e molhos, identificados

9 *Jean François Revel, op. cit., p. 211.*

10 Le cuisinier moderne. *Vicent La Chapelle, s.e., 1742 (1735). Fundação Biblioteca Nacional. Segundo Philip e Mary Hyman (op. cit.), a primeira versão dessa obra consta de três volumes e foi publicada em inglês, em 1733. No prefácio da edição atual de* Cozinheiro moderno ou Nova Arte de Cozinha *(Sintra: Colares, 1999), p. 10, Alfredo Saramago diz que a edição francesa de 1742 tem cinco volumes.*

11 *Segundo Philip e Mary Hyman, op. cit., p. 635.*

12 "Des potages e bouillons", capítulo 1, La Chapelle, Le cuisinier moderne, vol. 1, op. cit.

13 Sobre esse assunto, sugiro a leitura de Jean François Revel, op. cit., p. 214.

14 De acordo com Alfredo Saramago no prefácio de Cozinheiro moderno ou Nova Arte de Cozinha, op. cit., p. 8.

15 As poucas referências biográficas sobre o autor estão em Alfredo Saramago, prefácio à Arte de cozinha (Sintra, Colares, 1995; reprodução da edição de 1693); Maria da Graça Pericão e Maria Isabel Faria, prefácio à Arte de cozinha (Lisboa: Imprensa Nacional Casa da Moeda, 1987; reprodução da edição de 1732) e J. P. Ferro, Arqueologia dos hábitos alimentares (Lisboa, Don Quixote, 1996).

16 Alfredo Saramago, prefácio à Arte de cozinha, op. cit., p. 16.

como à espanhola, à holandesa, entre outros,[12] e que servirão mais tarde como base de uma nova revolução nas cozinhas francesas.[13]

Finalmente, em 1780, Lucas Rigaud, cozinheiro francês com passagem por Londres, Turim e Madri, contratado para servir a corte portuguesa a mando de D. Maria I, publica o seu *Cozinheiro moderno ou A nova arte de cozinha*, rejeitando o trabalho de seu antecessor, Domingos Rodrigues, nas grandes cozinhas lusitanas. Segundo livro de culinária publicado em língua portuguesa, reeditado cinco vezes até 1826,[14] o *Cozinheiro moderno* procura fazer uma aproximação da antiga culinária, aristocrática e fortemente marcada pelo uso de especiarias e condimentos, com uma nova forma de cozinhar, considerada mais popular e natural, que pregava a descoberta do sabor real dos alimentos, tal como propusera La Chapelle.

O livro

Pois é nesse contexto, no ano de 1680, que é impresso em Lisboa o livro *Arte de Cozinha*, de autoria de Domingos Rodrigues. Nascido em Vila Cova, norte de Portugal, em 1637, e falecido em Lisboa em 1719, Domingos Rodrigues ascendeu hierarquicamente ao ser designado mestre de cozinha na corte de D. Pedro II e sua mulher, D. Maria Francisca de Sabóia, filha do Duque de Nemours, em casa de quem o cozinheiro La Varenne já havia servido.[15] Segundo o historiador Alfredo Saramago, a rainha vinha de uma família conhecida por seus bons cozinheiros e era muito interessada em boa cozinha. Domingos Rodrigues, ao ser contratado para cozinhar, devia saber da importância que os tratados e compêndios culinários assumiam não só para a aristocracia como também para a alta burguesia em busca de prestígio social.[16] Tratava-se, pois, de um livro de cozinha voltado para a elite, para as grandes casas, que viria mostrar também como a alimentação e os modos à mesa serviam para marcar a diferença entre os grupos sociais.

Adquirir livros e lê-los era mais uma das formas de demarcar posições e evidenciar hierarquias. Com os livros de culinária não era diferente. Destinados à alimentação dos ricos, tinham em comum o fato de não se preocuparem nem com a indicação de medidas precisas, nem com a explicação das técnicas de cocção. Nesse sentido, é possível pensar que os livros de receitas eram destinados aos cozinheiros experientes, capazes de encontrar, pela prática cotidiana, o equilíbrio necessário entre os diversos alimentos propostos, criando a famosa medida culinária do "quanto baste", além de calcular a quantidade de comida para um número sempre grande e impreciso de pessoas.

Não é à toa que as receitas do livro de Domingos Rodrigues, ancorado também na tradição culinária quinhentista,[17] são escritas em parágrafos curtos, com o título separado da explicação, mas sem a distinção entre o que é ingrediente e o que é procedimento. Utilizando-se ora do discurso imperativo – "coza-se", "ponham-se", "cubram-se", "bote-se" – ora do descritivo – "picarão", "afogarão", "rechearão" e "estufarão" –, Domingos Rodrigues deixa claro que o papel do cozinheiro-chefe, daquele que comandava a cozinha e registrava o que se deveria comer, era, primeiro, o de ensinar outros cozinheiros a cozinhar.

O livro parece ter feito mesmo enorme sucesso, que pode ser medido pelo número de reedições da obra, levando em conta a última data de 1849.[18]

Cada uma das edições traz acréscimos e omissões, feitos pelo autor ou por anônimos. Por isso que, nesse caso, o trabalho do antropólogo, tal qual o do historiador, é montar um grande quebra-cabeças: só confrontando várias versões é que podemos descobrir pistas que ajudem a reconstruir a própria lógica do livro e de seu contexto. Para esse fim, usamos aqui quatro versões diferentes. Uma original, de 1693;[19] sua versão atualizada;[20] a versão atualizada da edição de 1732;[21] e a edição original de 1794, que integra o acervo da Fundação Biblioteca Nacional do Rio de Janeiro e serve de base para a presente edição.

Não tendo sido encontrada para consulta, pouco se pode afirmar sobre a primeira edição. Sabe-se, no entanto, que o livro foi dividido inicialmente em duas partes, a primeira delas dedicada ao modo de cozinhar

17 *Que tem sua expressão portuguesa no manuscrito* Livro de cozinha da infanta D. Maria de Portugal *(1538- 1577), Códice português I.E. 33 da Biblioteca Nacional de Nápoles. Prólogo, leitura, notas aos textos, glossário e índices de Giacinto Manupella (Lisboa: Imprensa Nacional/Casa da Moeda, 1986). Coleção Aracy Amaral – SP.*

18 *Há divergência sobre o número de reedições do livro. Pericão e Faria, no prefácio à edição atualizada de 1732, indicam 16; J. P. Ferro, op. cit., menciona sete; J. Quitério, Livros portugueses de cozinha (Lisboa: Biblioteca Nacional, 1998), fala em nove; e Cristiana Couto, Arte de cozinha: Alimentação e dietética em Portugal e no Brasil (séculos XVII e XIX) (São Paulo: Editora Senac São Paulo, 2007), registra 19.*

19 *Foram consultadas duas edições de 1693; uma pertencente à Coleção Aracy Amaral e outra à Coleção Sérgio de Paula Santos, ambas de São Paulo.*

20 *Prefaciada por Alfredo Saramago, op. cit.*

21 *Prefaciada por Maria da Graça Pericão e Maria Isabel Faria, op. cit.*

22 *Domingos Rodrigues,*
op. cit., 1693,
Frontispício.

23 *A. Saramago, no*
prefácio à edição
atualizada de 1693, op.
cit., faz um levantamento
exaustivo e percentual dos
bens alimentícios da obra.

24 *Cristiana Couto, op.*
cit., fala também dessa
estrutura quando faz uma
análise comparativa dos

carnes, conservas, pastéis, tortas e empadas, enquanto a segunda tratava "de peixes, mariscos, frutas, ervas, ovos, laticínios, doces e conservas pertencentes ao mesmo gênero".[22] Já nessa divisão fica evidente o predomínio das carnes sobre os peixes, inseridos no cardápio principalmente para os dias magros e de abstinência, como aqueles do mês de abril, quando não havia um só prato de carne à mesa em respeito ao período da quaresma.

Se considerarmos que a ordem de apresentação das receitas traduz também certa hierarquia entre os próprios alimentos, é possível pensar que o carneiro – recheado, picado, ensopado ou assado – era mais apreciado do que as galinhas, os perus, os pombos, as perdizes, os coelhos, a vitela e, enfim, a carne de porco. Mas, se optarmos por considerar como mais importantes as espécies mencionadas mais vezes, teremos a predominância da caça, seguida do carneiro e do cabrito, das aves, das carnes de vaca, terminando novamente com a carne de porco.[23] Ainda nessa mesma lógica, entre os peixes, a lampreia vinha antes do salmão,

que vinha antes do atum, que vinha antes dos mariscos, que vinham antes da sardinha e do bacalhau, estes considerados alimentos dos pobres e, por isso mesmo, não constavam do livro de receitas de Domingos Rodrigues.[24]

Da segunda edição, de 1683, sabemos que foi inserida uma longa dedicatória ao Conde do Vimioso,[25] "o grande Mecenas" que assegura o patrocínio necessário à confecção do livro, e um prólogo no qual o autor explica os motivos que o levaram a escrevê-lo:

Não devem os homens só saber para si, porque isso é enterrar o talento que Deus lhe deu, devem sim comunicar os empregos de sua habilidade, para que os menos inteligentes, ou aprendam o que não sabem, ou saibam o que não aprenderão. (...) Confesso que me animei a não reparar na minha insuficiência, ainda que me arguam, de que havendo tão grandes ofícios eu faça Arte de Cozinha; porque eu não escrevo para os que sabem, nem para os que só sabem murmurar, mas faço Arte para os que não sabem e para os que só sabem aprender.

livros de cozinha que circulavam em Portugal e no Brasil, evidenciando a relação entre as receitas culinárias e as concepções de dietética. Para a idéia de hierarquia alimentar, sugiro o livro de Isabel Drumond Braga, Do primeiro almoço à ceia *(Sintra: Colares, 2004) e o capítulo de Allen Grieco, "Alimentação e classes sociais no fim da Idade Média", in:* História da Alimentação, *op. cit., 1998.*

25 *Conforme Pericão e Faria indicam no prefácio à edição atualizada de 1732.*

Na tentativa de separar a prática da cozinha, o ofício mecânico, da atividade intelectual de um pensador livre, Domingos Rodrigues procurava também escapar da condição servil e anônima atribuída aos cozinheiros, tornando cada vez mais clara a estreita relação entre a cozinha e a arte que se podia obter dela.

A partir da terceira edição torna-se possível verificar o acréscimo de um novo conjunto de variadas receitas, de perdigões assados a linguados, doces quentes e doces frios, além de "Receita para um banquete à francesa extraordinário", "Banquete para hospedar a um embaixador" e "Receita de como se há-de dar de comer uma semana de vários comeres a meia dúzia de hóspedes, acrescentando ou diminuindo conforme os convidados", na qual se encontra a indicação de um cardápio completo para cada dia da semana.

Essa edição conta também com as licenças às futuras publicações, datadas de 1692, nas quais é concedida, pelos encarregados do Santo Ofício, a permissão de "imprimir o livrinho" novamente, e determinado o preço a que este deveria ser vendido: 100 réis, taxado em Lisboa a 1º de agosto de 1693.

Tanto a dedicatória quanto o prólogo foram suprimidos da edição de 1794. Em seu lugar, está escrito "Com licença da Real Mesa da Comissão Geral sobre o Exame e a Censura dos Livros" e o novo valor da obra: 200 réis, taxados em 15 de maio de 1794, um aumento de cem por cento em um século. Em 1814, a *Gazeta de Lisboa* publica uma nota informando que saiu à luz "*Arte de cozinha* dividida em quatro partes", e que está sendo vendida "em Lisboa em casa de João Nunes Esteves, Mercador de livros na rua da Gloria nº 14", por 400 réis encadernado.[26]

A frase "*Laus Deo*", que encerra a edição de 1693, foi substituída por um singelo "Fim" na edição de 1794. Se as ausências e mudanças

26 *Gazeta de Lisboa, nº 271, 16 de novembro de 1814. A informação foi gentilmente cedida por Isabel Drumond Braga.*

são sinais de novos tempos, o acréscimo de apenas 22 receitas indica a importância da permanência do corpo principal de receitas e preceitos, passados mais de cem anos após sua primeira publicação.

Nesse conjunto novo de receitas, destacam-se, dentro da primeira parte, um "Caldo bom para nutrir, e muito fresco", "Cabeça de vitela recheada", "Pés de vitela *a la dama*", "Carne de vaca ou de carneiro assados na água" e "Empadas de vitela". Na segunda parte, foram introduzidas as receitas de "Peixe frito em manteiga", "Recheio de peixe", "Trutas do rio como se fazem, sua calda ou conserva", "Ovos estrelados", "Cuscuz como se faz".

É muito significativa também a reunião de receitas de doces inserida nessa edição, como as "Argolinhas de amêndoas", "Empanadilhas de grãos", "Esquecidos", "Fartes de espécies", "Queijadinhas de amêndoas", "Cavacas", dois tipos de pão-de-ló, "Abóbora de covilhete" e "Ginjas de calda". Somados a todos os outros tipos e modos de fazer doces, presentes nas edições anteriores, feitos em pastéis, tortas, biscoitos, bolos ou mesmo doces de ovos, doces de frutas, sorvete e chocolate, passa a existir, ainda sem ser efetivamente nomeado, um capítulo só de sobremesas.

Todas as edições têm em comum o uso de carnes de caça variadas, de carneiro, de vaca e de porco, peixes, mariscos, aves, além de ovos, leite, queijos, manteiga e açúcar. Há ainda o uso abundante de "espécies pretas" – pimenta, cravo-da-índia e noz-moscada – e "adubos" – pimenta, cravo, noz-moscada, açafrão e coentro seco, denominados e divididos assim pelo próprio Domingos Rodrigues.[27]

O uso desmedido das especiarias exóticas talvez seja a característica mais emblemática de distinção culinária que marcou a cozinha antiga, do século XIV até o XVI, e que durante o século XVIII foi substituída, aos poucos, por salsa, manjericão, tomilho, louro e cebolinha. Os temperos fortes cederam espaço aos temperos mais gordurosos e açucarados, assim como os cortes de carne de vaca passam a entrar em quase todos os preparados, tais como caldos, sopas, assados e tigeladas. Boa parte dessas mudanças, que afetaram primeiro a França e depois outros países da Europa, pode ser esclarecida a partir de uma certa flexibilidade

ACIMA E AO LADO
Prato
Fábrica do Cavaquinho
[1790-1808]
MUSEU NACIONAL DE ARTE ANTIGA, LISBOA

PÁGINAS 26 E 27
Vista do Convento de Sto. Jerônimo de Belém e da Barra de Lisboa
Henri L'Evêque
[1816]
ÁGUA-FORTE, MUSEU NACIONAL DE ARTE ANTIGA, LISBOA

27 *Conforme escreve o autor no último capítulo do livro "De algumas advertências muito necessárias para a inteligência e o bom exercício desta Arte", p. 215.*

das relações entre a cozinha de elite e as noções de dietética, ligadas intimamente desde a Idade Média. À elite estavam destinadas as aves pequenas e delicadas, os peixes macios e o pão de trigo. Ao povo, cujo estômago era mais resistente, restariam o porco e o boi. As frutas, por sua vez, eram consumidas no início da refeição ou temperadas, com açúcar e com vinagre, numa tentativa de minimizar os estragos que elas poderiam causar dentro do organismo.[28]

Por isso é que se pode dizer que nos séculos XVII e XVIII, a preocupação com o bom gosto fez as antigas referências higiênicas enfraquecerem seu sentido e serem consideradas ultrapassadas e antiquadas. Tanto os cozinheiros quanto os gastrônomos que não tardam a aparecer mostram-se, em relação à comida, menos preocupados em manter o corpo são e mais interessados em obter dos alimentos o máximo prazer.[29]

O livro de Domingos Rodrigues situa-se, assim, como que numa região de fronteira: entre uma forma de pensar a comida, que é considerada antiga, e outra, chamada de moderna por seus sucessores, que privilegia o uso da manteiga, modera os sabores ácidos e o uso das especiarias. Nesse processo, enxerga-se também uma mudança na idéia de refeição, que de espetáculo de ostentação passa a ser um momento de compartilhar e definir o próprio gosto. O serviço à francesa, em que as travessas de servir eram colocadas simetricamente umas às outras, permitia uma liberdade de escolha muito maior em relação à quantidade das porções individuais e ao que se preferia comer. Não era preciso esperar a entrada de um prato por vez à sala para servir-se de cada um deles. Colocados todos à mesa ao mesmo tempo, cada convidado optava por aquele que mais lhe agradasse. Não à toa foram inseridas pranchas desenhadas, mostrando como deveria ser o serviço à mesa para que cada comensal pudesse escolher o que mais se adaptasse à sua vontade de comer, respeitando, dentro do possível, uma diversidade de gostos e de apetites.

Mas é importante pensar que as receitas dos livros de culinária prescrevem regras que dão mais ênfase ao que se podia e devia comer do que ao que se comia, deixando sempre a dúvida entre qual a forma de satisfação prática e qual a forma de satisfação simbólica do paladar.

AO LADO
Terrina
*Real Fábrica da
Louça do Rato /
Marca T.B.
(Tomás Brunetto)*
FRESS, MUSEU
ESCOLA DE ARTES
DECORATIVAS
PORTUGUESAS, LISBOA

28 *Para tal assunto,
sugiro as leituras de
Jean-Louis Flandrin,
"Os tempos modernos"
in:* História da
Alimentação, *op. cit.
1998, e o do livro de
Cristiana Couto, op.
cit. 2007.*

29 *Sobre o processo de
mudança do gosto, sugiro
a leitura de Jean-Louis
Flandrin, "A distinção
pelo gosto". in: Philippe
Ariès e George Duby
(orgs.),* História da
vida privada 3.
Da Renascença ao
século das Luzes
*(São Paulo: Companhia
das Letras, 1991).*

A chegada ao Brasil

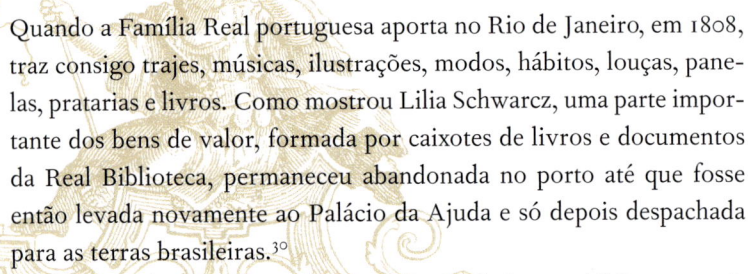

Quando a Família Real portuguesa aporta no Rio de Janeiro, em 1808, traz consigo trajes, músicas, ilustrações, modos, hábitos, louças, panelas, pratarias e livros. Como mostrou Lilia Schwarcz, uma parte importante dos bens de valor, formada por caixotes de livros e documentos da Real Biblioteca, permaneceu abandonada no porto até que fosse então levada novamente ao Palácio da Ajuda e só depois despachada para as terras brasileiras.[30]

É possível que, entre todos os volumes da imensa biblioteca, estivessem também os dois livros de culinária portugueses publicados até então, *Arte de cozinha* e *Cozinheiro moderno*, que serviram de referência para a constituição da dieta dos mais abastados em terras portuguesas e que, como vimos, eram também símbolos de bem comer e servir em Portugal durante os séculos anteriores. Para a historiadora Isabel Drumond Braga, a tradição seiscentista e setecentista continuou a dominar as cozinhas e as panelas portuguesas, principalmente pela leitura e pelo uso das obras de Domingos Rodrigues e Lucas Rigaud.[31] É certeza, no entanto, que o livro de La Chapelle tenha chegado em um dos caixotes esquecidos no embarque, uma vez que o exemplar que está hoje na Biblioteca Nacional do Rio de Janeiro traz, estampado em sua primeira página, o carimbo da Real Biblioteca.

O fato é que, quando a corte portuguesa chega ao Rio de Janeiro, depara-se com duas realidades alimentares um tanto distintas. Uma que dizia respeito às classes abastadas, na figura de nobres e comerciantes recém-enriquecidos, e outra, mais popular, descrita à exaustão pelos viajantes que não cessavam de chegar.

As diferenças não eram poucas, e escrever sobre elas era também uma forma de tentar entender a sociedade. O inglês Jonh Luccock, em passagem pelo Rio de Janeiro em 1808, notou que, no cotidiano:

A refeição principal consta de um jantar ao meio-dia. As vitualhas constam de sopa, em que há grande abundância de legumes, carne-seca

30 *Lilia Schwarcz*, A longa viagem da biblioteca dos reis *(São Paulo: Companhia das Letras, 2002).*

31 *Isabel Drumond Braga*, Portugal à mesa: Alimentação, etiqueta e sociabilidade. 1800-1850 *(Lisboa: Hugin, 2000).*

e feijão de várias qualidades. Em lugar de pão, usam de farinha de man-
dioca; esta, quando úmida, é servida em cabaças ou terrinas; quando
seca, em cestas. Quando há sobremesa, consta ela de laranjas, bananas
e umas outras poucas frutas.[32]

Tratava-se, efetivamente, da descrição de uma forma de alimentação nativa, desenvolvida ao longo do período colonial, e que misturava
ingredientes autóctones a práticas culinárias de diversas procedências.

O elenco de espécies "da terra" era mesmo de dar água na boca:
banana, laranja, goiaba, melancia, caju, mamão, palmito, cacau, algo-
dão, mandioca, pitanga, cará, batata-doce, guaraná, chá-mate, jabutica-
ba, açaí, além das espécies estrangeiras cultivadas, como inhame, noz-
moscada, gengibre, canela, cravo, jaqueiras, mangueiras, açafrão e coco.

Natureza Morta com
Peixes e Camarões
Círculo de Baltasar
Gomes Figueira
[SÉC. XVII]
ÓLEO SOBRE TELA,
MUSEU DE ÉVORA

32 *John Luccok*, Notas
sobre o Rio de Janeiro
e partes meridionais do
Brasil. 1808-1818 *(São*
Paulo e Belo Horizonte:
Edusp/Itatiaia, 1975),
p. 82.

❧ *33* ❧

Produtos feitos de milho, como bolos, broas, espigas assadas, milho-branco cozido em leite ou água e adoçado com açúcar ou rapadura, chamado por aqui de canjica. Ou milho transformado em farinha grossa e fina, o fubá, bom para o preparo de mingau, de pão e do angu que mais tarde ficaria famoso nos desenhos de Jean-Baptiste Debret. A mandioca, que já havia sido comparada à grossura da coxa de um homem, firmava-se como o verdadeiro pão da terra na sua forma mais conhecida, e também sua farinha, em bolos, beijus ou simplesmente cozida, acompanhando um pedaço de carne-seca.

Os doces constituíam um capítulo à parte no cenário alimentar, e não escaparam ao comentário de Henry Koster, inglês que viveu no Brasil nas primeiras décadas do século XIX: "O rico homem brasileiro tem tanto orgulho dos seus doces quanto o cidadão inglês de sua mesa e de seus vinhos."[33]

Nas descrições e relatos, não ficam de fora os doces de frutas em calda ou cristalizadas, como os de bacuri, buriti ou murici, marmeladas e conservas de goiaba, cidra e lima, além de biscoitos e pães-de-ló. O apreço aos doces também é notado pela escritora Maria Graham, que esteve no Brasil nos anos 1820 e registra o consumo:

Como gulodice, desde os nobres até os escravos, doces de todas as espécies, desde as mais delicadas conservas e confeitos até as mais grosseiras preparações de melaços, são devorados em grosso.[34]

Nesse caso, também é possível verificar uma certa hierarquia social repassada à lógica alimentar – doces feitos à base de rapadura e melaço para os mais pobres; de frutas nativas para a gente comum; e toda uma sorte de doces finos que serão servidos nas casas mais ricas e presenteados nos dias especiais e rituais, como casamentos e batizados, Natal, ano-bom e Dia de Reis.[35]

No entanto, se esse era o cardápio alimentar cotidiano no Rio de Janeiro, um outro, bem particular, também podia ser notado. Nobres, funcionários do rei, mercadores e padres comiam à européia, com uma dieta baseada em muita gordura, carne de carneiro, de boi e de porco, especiarias e pão de trigo e, tal qual os ensinamentos antigos do mestre Domingos Rodrigues, com o serviço feito em diversas "cobertas", cada

33 *Henry Koster,* Viagens ao Nordeste do Brasil. 1809-1815 *(São Paulo: Companhia Editora Nacional, 1936), p. 97.*

34 *Maria Graham,* Diário de uma viagem ao Brasil e de uma estada nesse país durante parte dos anos de 1821, 1822, 1823 *(São Paulo: Companhia Editora Nacional, 1956), p. 175.*

35 *Paula Pinto e Silva,* Farinha, feijão e carne-seca: Um tripé culinário no Brasil colonial *(São Paulo: Editora Senac São Paulo, 2005).*

Natureza Morta com
Aipo e Marmelo
*Círculo de Jean
Sanches Cotán*
[1650-1684]
ÓLEO SOBRE TELA,
MUSEU DE ÉVORA

PÁGINAS 38 E 39
Natureza Morta com
Doces e Flores
Josefa de Óbidos
[1660-1670]
ÓLEO SOBRE TELA,
MUSEU DE ÉVORA

uma constando de trinta ou quarenta iguarias de uma só vez. Luiz Edmundo escreve sobre um desses banquetes:

O melhor [prato] deles vinha sempre como um grande astro, ao centro, no sopeirão de maior etiqueta, mostrando, em redor, os menores, todos com as suas tampas. Em última linha é que ficavam, então, os pratos dos convivas, muito bem cobertos com o guardanapo dobrado por cima, quando havia guardanapo. Não esquecer a sarabanda de moscas, em torno, furiosas todas pelas medidas de defesa tomadas e que as impediam de gozar as primícias das suculentas iguarias.[36]

A descrição não deixa de ser, contudo, paradoxal; por um lado há a tentativa de reprodução de um estilo de vida à européia, seja na quantidade de pratos servidos, seja na presença de sopeiras e travessas com tampas; por outro, há a realidade brasileira, percebida na ausência de guardanapos, na escassez de talheres e na presença de insetos tropicais.

No Rio de Janeiro de finais do século XVIII e início do século XIX, almoçava-se às sete horas da manhã, jantava-se entre meio-dia e duas horas, e fazia-se a ceia entre cinco e seis horas da tarde. Nos intervalos, merendavam-se frutas, biscoitos, bolos e rosquinhas.[37] Já em finais do século XIX as refeições passam a ser feitas mais tarde, e a merenda é substituída, definitivamente, pelo chá ou café da tarde.

Mas os hábitos alimentares podem ser pensados lado a lado com o desenvolvimento do comércio local. Se em certas regiões as terras brasileiras eram auto-suficientes na provisão de bens, em outras havia a necessidade de abastecimento e incentivo comercial. No Nordeste, por exemplo, as autoridades estimulavam as feiras-livres, onde se vendiam hortaliças e frutas, enquanto as figuras das negras de ganho, vendendo peixe fresco, salgado e seco, e também carne-seca, ganhavam espaço e ajudavam a enriquecer o comércio ambulante, fundamental nesse período.[38]

Com a abertura dos portos e o constante incentivo da imigração estrangeira, muda não só o cenário comercial como as exigências do mercado interno. O Registro Geral da Câmara Municipal em São Paulo, por exemplo, guarda uma petição de um açougueiro inglês pedindo permissão para vender carne de porco, de carneiro e de vitela, alegando que estas duas últimas eram, respectivamente, necessárias ao paladar e aos doentes. A Câmara, em resposta, permite somente a comercialização de carneiro, respondendo que o comércio da vitela, por ser uma carne produzida apenas no interior e ter que percorrer um longo caminho até chegar aos centros de abastecimento, poderia deixar despovoadas muitas cidades. O comércio de porco, por sua vez, criaria um monopólio que acabaria com as casas que vendiam toucinho.[39] Trata-se, como se vê, de uma nova discussão sobre o que se pode ou não comer: carneiro, vitela e porco, nesse caso, retomam a hierarquia européia presente nos livros de culinária anteriormente discutidos.

No Rio de Janeiro o abastecimento de carnes era feito pelos açougues, que eram 13 em 1780,[40] e controlados pelo Senado da Câmara,

36 *Luiz Edmundo*, O Rio de Janeiro no tempo dos vice-reis *(Rio de Janeiro, Edição do Instituto Histórico e Geográfico Brasileiro, 1932),* p. 415. *Atualização ortográfica de Paula Pinto e Silva.*

37 *Luiz Edmundo, op. cit.*

38 *Maria Beatriz Nizza da Silva*, Vida privada e quotidiana no Brasil na época de D. Maria e D. João VI. *(Lisboa: Editorial Estampa, 1993),* p. 217-220.

39 *Ibid., p. 221.*

40 *Luiz Edmundo, op. cit., p. 385.*

41 *Maria Beatriz Nizza da Silva*, A Gazeta do Rio de Janeiro *(1808-1822). Rio de Janeiro: EdUerj, 2007. Almir ElKareh e Héctor Bruit analisam os gêneros oferecidos pelos jornais a partir da segunda metade do século XIX em "Cozinhar e comer, em casa e na rua: culinária e gastronomia na Corte do Império do Brasil". Estudos Históricos, Rio de Janeiro, CPDOC/FGV, n° 33, 2004.*

42 *Luiz Edmundo, op. cit., p. 386.*

que estabelecia não somente o preço como a qualidade das carnes vendidas. A historiadora Maria Beatriz Nizza da Silva, analisando os anúncios da *Gazeta do Rio de Janeiro* do início do século XIX, constata que o comércio de gêneros alimentícios era mesmo promissor e oferecia tudo o que a terra não podia dar: diversos tipos de pães (português, italiano, francês, inglês, espanhol), vinhos variados e de muitas procedências (Chamusca, Caravelas, Porto, Madeira, Catalunha, Bordeaux, Provence, Champanhe, Reino, Chipres), presunto de Portugal ou de Yorkshire, salame, massas e enchidos italianos, frutas secas (nozes, avelãs, amêndoas). Fora os alimentos, era oferecido todo o aparato de cozinha e de mesa, como tigelas para caldo, terrinas, sopeiras, jarros para água, garrafas de cristal para licores, poncheiras, xícaras de porcelana com retratos pintados, bules, cafeteiras, mostardeiras, manteigueiras e compoteiras.[41]

Por último, é importante mencionar o crescente número de "casas de pasto", pequenos estabelecimentos que vendiam refeições, que se multiplicaram rapidamente pelo Rio de Janeiro, principalmente pelo grande número de homens que chegavam sem as suas famílias e se estabeleciam de forma precária em terras brasileiras. Segundo Luiz Edmundo, em 1794 existiam 18 estabelecimentos como esses, divididos em lojas de comer imundas, freqüentadas por oficiais mecânicos, aprendizes e mulatos, e outras, para os bem-nascidos, limpas e asseadas. Essas últimas eram descritas como elegantes e quase ao ar livre, com toalhas de linho cobrindo as mesas e serpentinas de luzes acesas iluminando o azul da porcelana da Índia, onde era servida uma ceia farta de arroz com camarão e pimenta.[42]

Ainda pelos anúncios dos jornais, ficamos sabendo que, no Catete, um mestre de cozinha inaugurou, em 1809, uma casa de pasto onde servia comida a preço fixo, "mesa redonda a 800 réis por pessoa", mas também em quarto fechado para quem quisesse comer separado. No cardápio oferecido, massa e salsichas, além de uma boa caçarola de carnes e legumes. No centro do Rio de Janeiro, as "casas de pasto" serviam caldo de galinha pela manhã, empadas, pastéis e doces para o jantar. As casas de café ofereciam, além de café e leite, pão francês com manteiga

inglesa e limonada feita com "limão da terra". Os confeiteiros, lidera-dos pelos italianos, ofereciam bandejas de doces para o chá e refrescos nevados, além de estrelinhas, lasanhas, vermicelli, macarrão, aletria e empadas de peixe para a época da quaresma.[43]

Também pelos anúncios se vê a oferta de mestres cozinheiros, com habilidade na arte de cozinha, oferecendo seus serviços de preparo de banquetes em casas particulares. Esses jantares, que começavam a se tor-nar comuns entre os homens abastados, constituíam excelentes momen-tos de se reforçarem relações sociais e políticas, estabelecendo negócios e celebrando alianças. As mesas eram colocadas com precisão e cuidado, na tentativa de evitar o caos em meio a tantos novos objetos em cena, tais como copos, jarras, garrafas, travessas, centros de mesa transformados em pirâmide de frutas. O serviço à *la française*, dominante por toda a primeira metade do século XIX nos jantares da alta roda do Rio de

Natureza Morta
[Caixa com Potes]
Josefa de Óbidos
[SÉC. XVII]
ÓLEO SOBRE TELA,
MUSEU NACIONAL
DE ARTE ANTIGA,
LISBOA

43 *Maria Beatriz Nizza da Silva,* Vida privada e quotidiana no Brasil na época de D. Maria e D. João VI, *op. cit.,* p. 224.

Terrina em Forma
de Cisne
*Real Fábrica do Rato;
Mestre Tomás
Brunetto*
[SÉC. XVIII]
MUSEU NACIONAL DE
ARTE ANTIGA, LISBOA

Janeiro,[44] estabelecia que os convidados, sentados próximos uns dos outros, deveriam ter acesso a todas as viandas, dispostas simetricamente de cada lado da mesa, podendo servir-se mutuamente das comidas enquanto esperavam que o anfitrião – ou um convidado especial – destrinchasse a carne e distribuísse os pedaços.

Nessas ocasiões, as refeições eram iniciadas com sopas, caldos e olhas, acrescidas de manteiga já no final do cozimento e servidas em tigelas de porcelana. Em seguida, vinha uma profusão de pratos de carne, frangões, pombos e vitela, ovos de diversas maneiras e alguns legumes. Queijos e vinhos eram também servidos, além de pudins, sonhos, pães-de-ló e compotas de frutas. No lugar de honra da mesa, ficava o senhor dono da casa, encarregado de conduzir os diversos "brindes de sobremesa" e de entoar os hinos e as cantigas que caracterizavam o fim do jantar, não sem antes informar a procedência dos diversos pratos que tinham sido servidos.[45] O momento da refeição virava, assim, um grande espetáculo em que se demonstrava pertencimento e diferenciação, regulamentado pelo comportamento e pelos gestos à mesa, pelos utensílios, pelo serviço e pela comida.[46]

É possível pensar, portanto, que a matriz estabelecida por Domingos Rodrigues tanto tempo antes ainda estivesse em vigor, fosse na permanência de um modo de servir, fosse na escolha dos alimentos e pratos que compunham tais banquetes. Mas é possível pensar, também, que as receitas culinárias, mais do que ensinar a cozinhar, servem para falar do entorno da cozinha, mais precisamente da sala de jantar, onde a comida, mais do que simples alimento, é também um marcador de relações, de posições e de idéias.

44 *Tânia Andrade Lima*, Pratos e mais pratos: louças domésticas, divisões culturais e limites sociais no Rio de Janeiro, século XIX (*São Paulo: Anais do Museu Paulista*, *vol. 3, 1995*).

45 *Luiz Edmundo*, *op. cit., p. 400, e Maria Beatriz Nizza da Silva*, Vida privada e quotidiana no Brasil na época de D. Maria e D. João VI, *op. cit. p. 225.*

46 *E que mais tarde será criticado, nos jornais, por Machado de Assis e França Jr. Paula Pinto e Silva, "Papagaio cozido com arroz. Livros de cozinha e receitas culinárias no Rio de Janeiro do século XIX". Tese de doutorado, FFLCH – USP, 2007.*

Terrina

*Francois Thomas
Germain*

[1756-1758], FRANÇA

PRATA,

MUSEU NACIONAL

DE ARTE ANTIGA,

LISBOA

Palavras finais

No presente livro, feito com base na edição de 1794, parte do acervo da Biblioteca Nacional do Rio de Janeiro, optamos por deixar constar todos os acréscimos mencionados nesta introdução. Assim, tanto a dedicatória ao Conde de Vimioso e o Prólogo destinado aos leitores, presentes na edição de 1693, como o corpo de receitas e os desenhos incluídos posteriormente, fazem parte, com os devidos créditos, desta primeira edição brasileira do livro *Arte de cozinha*. Acreditamos que isso seja uma vantagem para o leitor: quanto mais informação disponível sobre tão interessante e rico material, mais poderá fazer suas próprias reflexões a respeito da importância do livro para a história da alimentação em Portugal e no Brasil.

Procurando preservar a bossa da escrita do mestre Domingos Rodrigues, que conquistou tantos leitores em outros tempos, a atualização feita recaiu principalmente sobre a ortografia. A pontuação, na medida do possível, foi mantida tal qual na edição de 1794 (exceto nos casos em que a atualização favorecia a clareza). E quando houve dúvidas com respeito a determinada grafia ou passagem, as edições atualizadas de 1693 e 1732 serviram de referência. Um glossário era obviamente indispensável, e ali se encontrará a chave para muitas descrições, por assim dizer, enigmáticas ao leitor atual.

Por fim, escolhemos um conjunto de receitas que foram testadas pelas mãos habilidosas da chef Flávia Quaresma, não somente adaptando medidas, quantidades e formas de cocção, como também reelaborando as próprias receitas para que o cozinheiro atual, profissional ou amador, possa reproduzi-las em casa. Diante de material tão farto e saboroso, só nos resta desejar, a partir de agora, um bom desfrute!

ARTE
DE
COZINHA
DIVIDIDA EM TRES PARTES:

A primeira trata do modo de cozinhar varios guizados de todo o genero de carnes, conservas, tortas, empadas, e pasteis. A segunda de peixes, mariscos, frutas, ervas, ovos, laticinios; doces, conservas do mesmo genero. A terceira de preparar mezas em todo o tempo do anno, para hospedar Principes, e Embaixadores.

Obra util, e necessaria a todos os que regem, e governaõ caza.

Correcta, e emendada nesta oitava impressaõ.

AUTOR,
DOMINGOS RODRIGUES,
Mestre da cozinha de Sua Magestade.

LISBOA:
Na Offic. de JOAÕ ANTONIO REIS.
Anno de MDCCXCIV.

Com licença da Real Meza da Commissaõ Geral sobre o Exame, e Censura dos Livros.

ARTE

DE

COZINHA

DIVIDIDA EM TRÊS PARTES:

A primeira trata do modo de cozinhar vários guisados
de todo gênero de carnes, conservas, tortas, empadas e pastéis.
A segunda, de peixes, mariscos, frutas, ervas, ovos,
laticínios, doces, conservas do mesmo gênero.
A terceira, de preparar mesas, em todo o tempo do ano,
para hospedar príncipes e embaixadores.

Obra útil e necessária a todos os que regem
e governam casa.
Corrigida e emendada nesta oitava impressão.

AUTOR

DOMINGOS RODRIGUES

Mestre da Cozinha de Sua Majestade

LISBOA

Na oficina de João Antonio Reis

ANO DE 1794

*Com licença da Real Mesa da Comissão Geral
sobre o Exame e a Censura dos Livros.*

Ao Excelentíssimo Senhor
CONDE DO VIMIOSO[47]

47 *Extraído da edição*
de 1693.

Dedico a V. S. este limitado desvelo, que juntamente é usura e desempenho. Desempenho, porque em oferecer o que posso, publico o quanto devo: usura, porque no grande mecenas que busco, asseguro o patrocínio, que pretendo. É o livro ocasionado aos mordazes, pela matéria e pelo estilo; mas uma e outra coisa serão de todos respeitadas, sendo com o ilustre nome de V. S. defendidas. Quisera eu aqui dizer as grandezas deste preclaro nome, se coubera na pena o que apenas cabe em todas as que compõem as asas da voadora fama. Seja ela que na esfera do mundo publique as raras prendas, que em V. S. começam a resplandecer; o real sangue da seleníssima Casa de Bragança que o anima, a ingine do Vimioso, que logra a benignidade herdada com que aviva as saudades de todo este reino, de seu pai de V. S. que Deus tem, que eu não me atrevo a tão grande empresa; porque o mais remontado discurso fica rasteiro à vista de tão grande objeto; nem se cifram dilatados elogios em breves períodos. V. S. receba debaixo do seu amparo esta pequena demonstração do meu afeto, nem tenha o que só se encaminha a seu gosto. Deus guarde a pessoa de V. S. para esplendor de sua casa, refúgio de seus servos e única glória de seus apaixonados.

Domingos Rodrigues

PRÓLOGO[48]

48 Extraído da edição de 1693.

Crédito é dos escritores a utilidade que se tira dos seus escritos, porque então colhem o melhor fruto dos seus trabalhos, quando mais utilizam com as notícias que inculcam.

Não devem os homens só saber para si, porque isso é enterrar o talento que Deus lhes deu; devem sim comunicar os empregos de sua habilidade, para que os menos inteligentes ou aprendam o que não sabem, ou saibam o que não aprenderam. Se os homens não foram mortais, alguma desculpa tiveram pelo que ocultam; mas sendo a sua vida infalível tributo da morte, nenhuma razão têm pelo que consigo sepultam. Quero dizer que os homens não hão de ser avarentos de alguns segredos das suas artes para que os menos práticos as possam exercitar com mais destreza.

Vencido deste motivo, confesso, me animei a não reparar na minha insuficiência, ainda que me arguam, de que havendo tão grandes oficiais, eu faça Arte de Cozinha; porque eu não escrevo para os que sabem, nem para os que só sabem murmurar; mas faço Arte para os que não sabem, e para os que só sabem aprender: e contudo a experiência mostrará que a todos há de ser necessária, porque aos mais destros em algumas ocasiões sucede acharem-se perplexos, por não terem um livro em que estudem o que lhes não lembra: que fiar-se da memória sem estudo é querer perder facilmente o que se sabe, sepultando voluntariamente no esquecimento o que precisamente se necessita.

E posto que em Portugal havia grande falta desta Arte, não foi só ela que me incitou tomar por minha conta sair à luz com este limitado fruto do meu desvelo, porque o engenho de muitos supria toda falta; mas os repetidos rogos de muitos amigos, e de alguns senhores, que me obrigaram a condescender com o seu desejo, foram a causa principal desta minha resolução; e com efeito a conseguiram, porque sempre os favorecidos adquirem alentados brios para empreenderem coisas não intentadas; que por isso eu intentei esta; porque me persuadi que faltar aos amigos que me rogavam não era fineza, e não satisfazer aos Senhores que ma pediam era pouco respeito.

Com o exercício de vinte e nove anos e com a assistência dos maiores banquetes desta Corte, e de todos os da Casa Real, me habilitei para fazer esta Arte. Todas as coisas que nela ensino, experimentei por minha mão, e as mais delas inventei por minha habilidade. Creio provavelmente que a todos será útil; e quando o não seja a todos, ao menos quisera que todos me agradecessem, não o trabalho que tive, mas o grande desejo, que tenho, de que o seja; porque razão é, que me agradeça a boa vontade, com que solicito agradar a todos, ensinando-lhes o que sei.

Procurei toda a brevidade possível no explicar-me, para que mais facilmente possa ser entendido, porque não foi o meu intento fazer volumes, os quais, sendo grandes, muitas vezes mais servem de cansaço que de proveito. Evitei muitas prolixidades, porque me pareceram impertinentes, que melhor é ensinar resumidamente, que enfastiar com muitos ditames. Deixei muitas miudezas, por me parecer que serão sabidas ou se poderão aprender facilmente com qualquer uso, que ordinariamente este é o melhor mestre, porque sem ele nenhuma coisa se faz perfeita.

Já que sou tão breve no volume desta Arte, não quero ser mais dilatado no Prólogo, porque nem eu com ele solicito desculpar os erros dela, nem pretendo a liberdade que cada um tem para dizer o que quiser. Somente advirto aos oficiais de cozinha que, com todo o cuidado, e toda a diligência, procurem o asseio e a limpeza de suas próprias pessoas em tudo o que fizerem. Que nem ponham menos diligência em trazerem as suas cozinhas tão limpas, e com tão boa ordem, que a todos agrade a sua limpeza e o seu concerto. Que todas as coisas com que trabalham tenham o seu lugar certo, em que se achem quando forem necessárias, e em que se tornem logo a pôr muito bem limpas depois que servirem; não dilatando esta diligência para mais tarde, para que a confusão de muitas coisas juntas lhes não embarace a limpeza; e com isto infalivelmente conseguirão obrar com menor trabalho, e trabalhar com maior asseio. Que a ferramenta seja a melhor que puder ser, conservando-a sempre muito limpa, para que em qualquer tempo que lhes for necessária se sirvam dela, tendo-a pronta, para que com a maior presteza que lhes for possível cumpram todos com as suas obrigações: porque o oficial diligente e limpo, ainda que não seja muito ciente, facilmente adquirirá, não só a estimação de todos, mas também a maior opinião.

ARTE
DE
COZINHA

PRIMEIRA PARTE

*Modo de cozinhar vários manjares
e diversas iguarias
de todo gênero de carnes, tortas,
empadas, pastéis etc.*

CAPÍTULO I

De diferentes pratos de sopas

PRIMEIRO PRATO
Sopa à italiana

Para se fazer sopa à italiana, cozam-se dois arráteis de carneiro e meio arrátel de toucinho em uma panela com canada e meia de água, meio quartilho de vinho, um golpe de vinagre, cheiros e cebolas; estas cebolas hão de ser cravejadas com cravo e canela inteira, e como estiver cozido tempere-se com todos os adubos e ponha-se a ferver: depois tire-se fora o toucinho e o carneiro, de sorte que fique o caldo limpo, e não ficando mais que em três quartilhos deitem-lhe dentro dois bolos de açúcar e manteiga em bocadinhos e ferva-se até que engrosse; mexendo sempre deitem-lhe meia dúzia de gemas de ovos batidos, com quantidade de limão e canela: como estiver bem grosso, lancem-no em um prato, ponham-lhe o carneiro por cima, o qual estará sempre quente; armado com fatias de limão e coberto com canela, mande-se à mesa.

O *primeiro prato* a que se refere o autor é apenas a primeira receita de uma série que virá em seguida. Não indica seqüência dos pratos a ser servida, mas ordena o próprio grupo de receitas.

2
Sopa de queijo e lombo de porco ou de vaca

Um lombo de porco ou de vaca, depois de estar quatro dias de vinho e alhos, ponha-se a assar; e como estiver assado, e feito em talhadas delgadas, tome-se uma frigideira untada de manteiga de vaca, ponham-lhe fatias de pão e sobre elas fatias de queijo muito delgadas, e por cima destas as talhadas de lombo; deitem-lhe miolo de pão ralado e açúcar e desta maneira encham a frigideira até cima; e como estiver cheia, deitem-lhe por cima meia dúzia de ovos batidos e mande-se ao forno a cozer; e como estiver corado, façam-lhe uns buracos com um garfo, deitem-lhe açúcar por cima e mandem-no à mesa com canela pisada.

É preciso ter em mente que o queijo mencionado em várias receitas não é nada parecido com o queijo como o conhecemos; trata-se, antes, de uma massa prensada feita a partir de ingredientes diversos.

3
Sopa de queijo de caldo de vaca

Coza-se com vaca um paio e, depois de cozido, ponha-se a esfriar; faça-se um pão em fatias grossas, ponha-se em um prato untado de manteiga de vaca e, por cima delas, o paio feito em talhadas; por cima destas talhadas, ponham-se outras fatias de pão e, sobre elas, tutanos de vaca, e assim se vá enchendo o prato: como estiver cheio, lancem-lhe o caldo, escalfando primeiro meia dúzia de ovos neles, os quais se porão a corar, e finalmente sobre tudo ponha-se uma capela de todos os cheiros, e por cima deles lancem-lhe a gordura, para que tome o sabor dos cheiros; fica um prato bom desta sorte, e mande-se à mesa.

4
Sopa ou potagem à francesa

Para se fazer sopa, ou potagem à francesa, ponham-se a afogar em uma tigela grande dois pombos, duas perdizes, um adem (tudo inteiro), um coelho em metades, uma galinha em quartos, um chouriço, uma posta de presunto, um arrátel de toucinho picado, seus cheiros, meia dúzia de olhos de alface, ou de chicória, ou de couve-murciana, todas as espécies inteiras, só a pimenta pisada, e uma capela muito grande de cheiros: e como tudo estiver cozido e temperado do sal e dos mais adubos pretos que lhe faltarem, ponham-se dois pães em um prato, ou pelangana, feito em sopas, e molhadas com o caldo ponham-se a aboborar sobre a mesma tigela: quando se quiser mandar à mesa, vá-se pondo por cima das sopas toda a carne, peça por peça, e sejam guarnecidas com olhos de alface ou de chicória (tudo muito bem concertado), com sumo de limão por cima: e assim irá à mesa. Esta potagem é boa para merendas, guarnecida com fígados de galinha.

5
Sopa de qualquer gênero de assado

Feito um vintém de pão em fatias, ponha-se uma delas em uma frigideira grande untada de manteiga, cubra-se de açúcar e de canela e, sobre esta cama, ponha-se outra da mesma sorte, e, por cima, uma pequena de manteiga de vaca lavada e açafrão: deitem-lhe um pouco de caldo de galinha ou de carneiro e deixe-se estofar devagar em pouco lume; e logo tirando-se fora do lume, deitem-lhe uma dúzia de ovos por cima (ou menos, conforme for a frigideira) com açúcar e canela: feito isto, tome-se uma tampa com lume e ponha-se um pouco levantada sobre a sopa até que tome boa cor; tirada da frigideira e posta no prato, se trinchará o assado, que pode ser galinhas, ou frangões, ou pombos, ou perus. Este é um prato ordinário.

6
Sopa dourada

A sopa dourada se faz da mesma maneira que este prato acima: *Sopa de qualquer gênero de assado*. Leva uma dúzia de ovos, um arrátel de açúcar, um vintém de pão, uma quarta de manteiga lavada, canela e água-de-flor.

7
Sopa tostada

Um prato de sopa tostada consta de um pão de dez réis feito em fatias, meio arrátel de manteiga de vaca e meio arrátel de açúcar: untadas as fatias de manteiga e cobertas de açúcar em pó, de uma e de outra banda, vão-se pondo em um prato (ou frigideira) até se acabarem: e logo lance-se por cima toda a manteiga que ficar e ponha-se a corar em lume brando: e assim vá à mesa.
Também este prato serve para qualquer gênero de assado, se dele quiserem aproveitar.

8
Sopa de pêros camoeses

A sopa de pêros se pode fazer em uma tigela nova, na qual se deite o molho de qualquer gênero de assado com três ou quatro pêros em quartos apartados, e ponha-se a ferver: depois de cozidos os pêros, botem-se com o molho em um prato sobre fatias tostadas e ponha-se o assado por cima com sumo de limão: e vá à mesa guarnecido com miolos no mesmo molho.

9
Sopa de amêndoa

A sopa de amêndoa se faz deitando-se em meia canada de leite oito gemas de ovos, meio arrátel de açúcar, quatro onças de amêndoas muito bem pisadas e uma quarta de manteiga: tudo isto junto, depois de muito bem batido, ponha-se em um tacho a cozer em lume brando e, como for engrossando, lance-se um prato (ou frigideira), ponha-se a corar na torteira ou no forno e, corado, leve-se à mesa.

<h2 style="text-align:center">10</h2>

<h3 style="text-align:center">Sopa dourada de nata</h3>

Para sopa dourada de nata, fazem-se dois pães em fatias e, depois de passadas por uma dúzia de ovos muito bem batidos, vão-se pondo em um prato untado de manteiga, em camas, e cada cama de fatias se há de cobrir de açúcar e canela: põe-se a corar e, depois de coradas estas fatias, batem-se duas tigelas de nata nos ovos (o que sobrou das fatias) com açúcar e canela, muito bem batidas, e deita-se este polme por cima das fatias, as quais se tornam a corar; deita-se por cima mais açúcar e canela e manda-se à mesa.

<h2 style="text-align:center">11</h2>

<h3 style="text-align:center">Sopa de nata</h3>

Um prato de sopa de nata, untado primeiro com manteiga, se arma com fatias de pão tostadas e com açúcar em pó por cima delas; e logo batendo-se quatro tigelas de nata com oito gemas de ovos e um pequeno de leite, tudo junto, se deita sobre as fatias, com mais açúcar em pó por cima, e põe-se a cozer no forno com fogo brando: e se as natas se ensopam no pão, deitam-se-lhe mais natas com ovos e açúcar. Assim também se fazem biscoitos.

<h2 style="text-align:center">12</h2>

<h3 style="text-align:center">Outra sopa de nata</h3>

Consta este prato de uma tigela grande de nata, quatro ovos com claras, meio quartilho de azeite, tudo muito bem batido, e um arrátel de queijo, que se fará em fatias delgadas, outras tantas fatias de pão, meio arrátel de açúcar e alguma manteiga lavada: untado o prato, ou frigideira, e feita nele uma cama de fatias de pão, bota-se um pouco de polme das natas, ovos e açúcar em pó por cima; sobre esta cama ponha-se outra de fatias de queijo, com outro pouco de polme e açúcar por cima, e uns pequeninos de manteiga lavada: com esta ordem se vai enchendo o prato até se acabar tudo, e terá a última cama de queijo, e há de ficar a sopa bem ensopada; feito isto ponha-se a cozer no forno, e como estiver meio cozida deitem-se-lhe duas tigelas de nata por cima, sem ovos nem açúcar; e assim se acabe de cozer e mande-se à mesa.

CAPÍTULO II

De diferentes pratos de carneiros

PRIMEIRO PRATO
Carneiro para qualquer recheado

Depois de picada muito bem uma quarta de toucinho com cebola, picar-se-ão
à parte dois arráteis de carneiro: como estiver picado, ponha-se a afogar o toucinho com metade do carneiro; estando meio afogado, torne-se ao cepo, misture-se com a outra metade e tempere-se com três ovos, pão ralado, limão e de
todos os adubos, de sorte que fique bem azedo.

Serve esta carne para qualquer recheio de carne, e com ela se podem
rechear ovos, berinjelas, cebolas, nabos, alfaces, couves e alcachofras, acrescentando ou diminuindo conforme for a quantidade.

Dela se fazem também capelas, escarramões, trouxas, almojávenas, cartuxas, almôndegas, torrijas, rascão, arteletes, picatostes e tudo o que mais quiserem: isto há de ser com sua sopa ou caldo amarelo, ou também sopa dourada,
e seja tudo bem azedo.

2
Carneiro picado

Pique-se um ou dois arráteis de carneiro da perna (limpando-se primeiro
muito bem, sem levar pele nem nervo algum) com uma quarta de toucinho,
com três gemas de ovos e com todos os cheiros: depois de picado, ponha-se a
afogar em uma tigela, e estando quase afogado deitem-lhe o vinagre necessário; como estiver já bem cozido, com pouco caldo, tempere-se com as espécies
pisadas e coalhe-se com três gemas de ovos; deite-se no prato (que há de estar
untado com uma onça de manteiga de vaca) com sumo de limão e canela por
cima. Se este prato houver de levar gemas de ovos, escalfem-se à parte em uma
panela e ponham-se por cima do picado.

3
Carneiro mourisco

Para carneiro mourisco, põem-se a afogar uma quarta de toucinho picado com os cheiros, e como estiver afogado deitem-se-lhe dois arráteis de carneiro meio assado feito em pequenos; coza-se muito bem, e como estiver cozido tempere-se com todos os adubos, coalhe-se com quatro gemas de ovos, deite-se no prato (que há de estar untado de manteiga) com canela e limão por cima.

4
Almôndegas de carneiro

Limpar-se-ão dois arráteis de carneiro da perna dos nervos e peles e picar-se-ão com uma quarta de toucinho e cheiros; como estiver picado, deitem-lhe três ovos, um miolo de pão ralado, adubos, vinagre e sal; feito isto, pique-se outra vez tudo muito bem picado, tenha-se ao fogo uma tigela, cozam-se nela as almôndegas em lume brando, as quais se farão do tamanho que quiserem; tornem-se a temperar com todos os adubos e coalhe-se com três gemas de ovos e com sumo de limão: ponham-se no prato, que estará untado com uma onça de manteiga de vaca, fatias de pão; ponham-se sobre elas as almôndegas com o caldo grosso e logo por cima canela e limão, e vai à mesa.

Assim também se fazem de galinha.

5
Desfeito de carneiro

Desfeito de carneiro se faz, fazendo dois arráteis de carneiro da perna em pequenos, sem osso, e põem-se a afogar com uma quarta de toucinho e seus cheiros: estando já bem cozido, tempere-se com vinagre, adubos; depois de temperado dá-se-lhe outra fervura: depois que tenha fervido, deita-se-lhe um quarto de pão ralado, coalha-se com seis ovos e põem-se no prato (que há de estar untado de manteiga) sobre fatias de pão, talhadas de limão por cima, e sua canela. Isto mesmo se faz a carneiro do pescoço, mas com osso.

Também se faz de cabrito.

6
Carneiro ensopado

Põem-se a afogar dois arráteis de carneiro partido pelo meio com meio arrátel de toucinho e seus cheiros, tempera-se com todos os adubos, estando já quase cozido; e, depois de cozido, lança-se o caldo em um prato covo (ou frigideira) sobre fatias de pão, cobertas com meio arrátel de queijo ralado; põem-se a aboborar sobre umas brasas e, pondo-se o carneiro por cima com sumo de limão, vai à mesa.

Também se faz com o carneiro assado.

7
Carneiro em gigote

Para carneiro em gigote, se põem a assar dois arráteis, com uma frigideira debaixo para apanhar o pingo, na qual deitarão um golpe de vinho, outro de vinagre, pimenta, cravo, gengibre e noz-moscada: estando já o carneiro assado, se esprema sobre o pingo de maneira que deite toda a sustância; depois, se pica com a faca; estando já picado, derrete-se meio arrátel de toucinho e, limpo dos torresmos, se ajunta com o pingo do carneiro; e posto tudo junto a ferver com o carneiro, se tempera outra vez de tudo o que é necessário; põem-se no prato e manda-se à mesa com seu sumo de limão por cima.

Se quiserem, também lhe poderão escalfar alguns ovos.

Deste modo se faz carneiro picado com cutela.

Também se faz este gigote de peru, galinha, vitela e de qualquer carne.

8
Carneiro com arroz

Ponham-se dois arráteis de carneiro a afogar com meio arrátel de toucinho, duas cabeças de alho, canela, pimenta, cravo, gengibre, tudo inteiro, um golpe de vinho e outro de vinagre, e cheiros; e estando já tudo isto mais de meio cozido, tempere-se com todos os adubos e com bem açafrão, deite-se em uma frigideira, onde também se deitará o arroz, e ponha-se em umas brasas com a tampa de lume por cima; vá-se cozendo devagar, até estar enxuto.

Isto mesmo se faz de frangões, galinha, peru, adem e cabrito.

9
Carneiro verde

Feitos em pedaços dois arráteis de carneiro, põem-se a afogar com uma quarta de toucinho, um golpe de vinagre e seus cheiros, e estando já cozido tempere-se com todos os adubos: faça-se uma pequena de salsa picada com coentros e, depois de terem deitado o carneiro em um prato untado de manteiga, sobre fatias de pão, com sumo de limão por cima, deite-se a salsa no carneiro de modo que fique verde, quando o quiserem mandar à mesa.

O mesmo se faz a frangões, galinhas, pombos e cordeiros.

10
Carneiro de caldo amarelo

Dois arráteis de carneiro feito em pedaços, põem-se a afogar com uma quarta de toucinho e seus cheiros; estando meio cozido, bote-se um golpe de vinagre e, depois de cozido, tempere-se com todos os adubos, coalhe-se com quatro gemas de ovos e ponha-se no prato sobre fatias de pão com sumo de limão e canela por cima. Assim irá à mesa.

Deste modo se fazem galinhas, frangões, pombos e cabrito.

11
Carneiro preto

Façam-se em pedaços muito miúdos dois arráteis de carneiro e ponha-se a afogar com meio arrátel de toucinho e seu vinagre; estando já cozido, se tempere com todos os adubos: pise-se logo uma quarta de amêndoas e ponham-se a torrar, até que fiquem pardas, para que botando-se no carneiro o façam preto; deite-se no molho algum açúcar e sumo de limão, para que fique agro e doce: ponha-se no prato sobre fatias e leve-se à mesa.

Deste modo se fazem pombos ou adens.

12
Carneiro estufado

Uma panela para se fazer carneiro estufado leva dois arráteis de carneiro do polegar junto à perna feito em pedaços, meio arrátel de toucinho, duas cabeças de alho, um marmelo em quartos, duas maçãs, canela, pimenta, gengibre, cravo, noz-moscada, tudo inteiro, duas folhas de louro, um golpe de vinho, outro de vinagre, água pouca e o sal necessário: metido tudo isto na panela, e barrada por fora muito bem que não saia o bafo, põe-se em fogo brando por espaço de três horas, leva-se depois fervendo à mesa em pratos de prata ou frigideiras, com sumo de limão por cima.

Deste modo se fazem perus, galinhas, pombos, frangões e vitela.

Também se faz lombo de vaca, mas não leva muito vinagre.

13
Carneiro com couve-murciana ou qualquer outra hortaliça

Ponham-se a afogar dois arráteis de carneiro cortado em pedaços com meio arrátel de toucinho e seus cheiros; como ferver, se lhe meterá a couve, duas cabeças de alho e alguma pimenta inteira: estando já cozido, se tempere de todos os adubos e mande-se à mesa.

Porém, se quiserem fazer o carneiro com abóbora, alfaces, berinjelas, alcachofras ou ervilhas, lhe deitarão açafrão e algum vinagre e se coalhará com quatro gemas de ovos: põem-se sobre fatias e deita-se por cima sumo de limão ou agraço, havendo-o.

Também se fazem com couve somente patos, galinhas ou frangões, mas não leva vinagre.

14
Carneiro para capela

Depois de terem picado dois arráteis de carneiro da perna muito bem picados, pique-se à parte meio arrátel de toucinho com cheiros e frijam-se em meia quarta de manteiga; como estiverem fritos, lance-se no carneiro picado e torne-se a picar tudo muito bem, tempere-se com todos os adubos no cepo, deitem-lhe dois ovos e um pão de dez réis ralado: faça-se a capela em uma frigideira, em que se deitará uma colher de caldo da panela, e ponha-se ao fogo com lume brando por baixo e por cima: quando se quiser mandar à mesa, coalha-se com quatro ovos, duas fatias por baixo, canela e sumo de limão por cima.

Desta sorte se faz galinha, peru, vitela, picatostes, almojávenas e salsichas, mas não levam ovo, nem açafrão.

15
Tigelada de carneiro

Piquem-se dois arráteis de carneiro com meio arrátel de toucinho e seus cheiros, e ponham-se a afogar em uma tigela com uma colher de caldo; estando já cozido, tempere-se com vinagre e todos os adubos, e, depois de enxuto, coalhe-se com dois ovos, como carne de pastéis. Feito isto, ponha-se a carne em uma frigideira sobre fatias de pão e, sobre a carne, outras fatias passadas por quatro ovos batidos; o que sobrar do ovo, com sumo de limão bote-se sobre as fatias e, depois de posto a corar, leve-se à mesa.

16
Carneiro para vários recheios

Com o carneiro picado e temperado do modo que dissemos na tigelada acima, podem-se rechear galinhas, frangões, pombos, pães de cinco réis, madres de galinhas e pescoços para fazer pratinho. Também serve para fazer pasteizinhos sem massa.

17
Perna de carneiro armada

Pique-se toda a carne de uma perna de carneiro com meio arrátel de toucinho e seus cheiros, deixando-se ficar com advertência o osso da perna inteiro; tempere-se a carne no cepo com todos os adubos, três ovos, pão ralado, vinagre e sumo de limão: logo, em uma frigideira untada de manteiga em que caiba o osso, vá-se armando a perna, e seja com tanta propriedade que pareça inteira. Componha-se com seus lardos de toucinho, gema de ovo cozido e amêndoas sem casca, e ponha-se a cozer em lume brando: como estiver cozido, coalhe-se a substância com duas gemas de ovos e lance-se no prato com fatias de pão por baixo, sumo de limão e canela por cima.

Deste modo se faz peru armado, galinha, frangões ou pombos.

18
Perna de carneiro recheada

A perna de carneiro recheada se faz como a perna armada, que acima dissemos, somente difere em que, para ser recheada, se há de tirar a carne sutilmente por uma parte da perna e, pela mesma parte, se há de rechear com a mesma carne picada e temperada.

19
Carneiro de alfitete

Logo que estiverem quase assados dois arráteis de carneiro da perna, se fará um polme de farinha, ovos, vinho branco, uma quarta de toucinho derretido (ou de banha) e uma quarta de açúcar, para que fique o polme doce: depois de feito este polme, se irá com uma colher deitando sobre o carneiro enquanto se vai assando, que há de ser em lume esperto para que coalhe, e isto até se achar o polme.

Deste modo se fazem frangões, pombos, qualquer lombo ou polegar de vitela.

20
Outro modo de carneiro de alfitete

Para se fazer carneiro de alfitete de outro modo, veja-se no capítulo seguinte *Galinha de alfitete*, que do mesmo modo se pode fazer.

21
Pastel de uma perna de carneiro

Meta-se em uma panela uma perna de carneiro, meio arrátel de toucinho, duas onças de manteiga, duas cebolas, um golpe de vinagre, adubos inteiros e uma capela de todos os cheiros, e ponha-se a cozer em pouca água; estando já o carneiro mais de meio cozido, tire-se fora e pique-se à parte todo o carneiro, e logo em outra parte piquem-se os cheiros e, em uma tigela baixa untada de manteiga, se vá pondo cama de carneiro, cama de toucinho e cama de cheiros, até que se acabe tudo: deitem-se logo por cima meia dúzia de ovos batidos e ponha-se a corar em lume brando. Feito isto, façam-se de fora umas sopas da dita substância, e depois que estiverem muito bem aboboradas vire-se a tigela em que se fizerem sobre o prato e quebre-se a tigela, para que a sopa fique inteira. Sobre ela se porá o pastel, e lançando-lhe por cima sumo de limão manda-se à mesa.

Também se faz de lombos e vitela ou da carne que quiserem.

CAPÍTULO III

De diferentes pratos de galinhas

PRIMEIRO PRATO
Galinha de alfitete

Para se fazer uma galinha de alfitete, coza-se a galinha com um arrátel de toucinho e cheiros, com todos os adubos e água pouca, para que fique bem a substância: logo que estiver cozida, se derreterá o toucinho e se lançará em uma tigela baixa, em que se porá a galinha em quartos para se corar em lume brando por baixo e por cima: como estiver corada, faça-se a massa fina de uma oitava de farinha com meio arrátel de açúcar, seis ovos, sua manteiga e bom golpe de vinho; desta massa se irão fazendo uns bolinhos com folhas de louro, frigindo-se e pondo-se em camas com açúcar e canela por cima em um prato, até se encher; em cima se porá a galinha.

Neste prato se podem pôr ovos de aletria, se quiserem.

Assim também se faz carneiro, pombos, frangões e cabrito.

2
Galinha mourisca

Ponha-se a frigir um arrátel de toucinho, cortado do tamanho de dados, e deite-se o pingo limpo dos torresmos em uma tigela com o pingo de uma galinha, que há de estar meio assada, um golpe de vinho branco, pouco vinagre, água que baste, e ponha-se a afogar; tempere-se com todos os adubos, duas folhas de louro e coalhe-se com duas gemas de ovos: põem-se fatias por baixo e limão por cima.

Deste modo se fazem perus, pombos, cabritos e lombos.

3
Galinha sem osso

Depene-se uma galinha em seco e, ainda quente, abrindo-a pelas costas, lhe tirem toda a carne e ossos, deixando-lhe só as pontas das asas, para quando se armar: pique-se logo a carne da galinha com dois arráteis de carneiro, meio de toucinho, cheiros bem picados fritos na manteiga; leve-se ao cepo para se temperar de todos os adubos: encha-se logo a galinha com o picado e, com oito ovos cozidos, ponha-se a cozer na tigela em lume brando; como estiver cozida, tempere-se outra vez com todos os adubos: feito isto ponha-se em um prato ou frigideira em que há de estar já feita uma sopa de queijo.

O mesmo se faz de frangões, pombos ou perus.

4
Galinha assada

Depois que uma galinha estiver depenada, limpa e espetada, tome-se uma posta de toucinho, ao comprimento de um palmo e da largura de quatro dedos, faça-se em postas e ponha-se na galinha por cima e por baixo: embrulhe-se logo a galinha em quatro ou cinco folhas de papel muito bem untadas de manteiga e asse-se muito bem com um cordel de barbante com muitas voltas, de maneira que não se desate; feito isto, ponha-se a galinha a assar, molhando-se primeiro o papel por cima com água, para que não se queime: depois de assada a galinha, ponha-se no prato com as mesmas postas de toucinho e fatias de pão por baixo e mande-se à mesa.

Deste modo se assa capão, peru, galinha da terra e frangões.

5
Galinha ensopada

Uma galinha cortada em pedaços põe-se a afogar com uma quarta de toucinho, cheiros, sal e vinagre; tempere-se com todos os adubos, coalhe-se no fim com quatro ovos (se lhe não quiserem ovos, façam-lhe potagem de salsa); ponha-se sobre fatias, sumo de limão por cima, e mande-se à mesa.

O mesmo se faz de peru, pombos, frangões e cabrito.

6
Galinha armada

Pica-se uma galinha com dois arráteis de carneiro, meio arrátel de toucinho e todos os cheiros, deixando-se com advertência os ossos da galinha inteiros: logo que estiver afogada metade de toda esta carne, se tornará ao cepo para se picar junto com a outra metade e temperar com todos os adubos, vinagre, quatro ovos e um quarto de pão ralado: depois de temperada a carne, arme-se a galinha com os ossos em uma frigideira untada de manteiga; como estiver do tamanho que era, componha-se com lardos de toucinho por cima e ponha-se a cozer em lume brando por baixo e por cima: como estiver cozida, ponha-se sobre sopa de nata feita na forma da dourada e mande-se à mesa.

Deste modo se fazem perus, frangões e pombos.

Também se fazem perdizes e coelhos, mas põem-se sobre sopa de queijo.

O autor se refere à sopa dourada de nata, uma das receitas do Capítulo I.

7
Galinha de Fernão de Souza

Meta-se em uma panela uma galinha com um arrátel de carneiro, outro de toucinho, três cebolas, um molho de cheiros, vinagre e água pouca; ponha-se a cozer e, como estiver mais de meio cozida, tire-se fora, pique-se a galinha em uma parte, o carneiro em outra, e o toucinho com os cheiros em outra: piquem-se também uma dúzia de gemas de ovos; logo que isto estiver feito, ponham-se umas fatias em uma frigideira ou prato untado de manteiga e, depois de molhadas com a substância que ficou da galinha, e aboboradas sobre elas, se ponha uma cama de galinha com gema de ovo picada por cima; sobre esta carne, ponha-se outra do carneiro com a gema de ovo picada por cima, e sobre esta cama outra de toucinho, de cheiros e de gema de ovo picado; nesta ordem se continuem as camas até se acabar tudo, ficando a forma disto à maneira de uma copa de chapéu: ponham-se logo por cima seis gemas de ovos cruas, e entre gema e gema alguns tutanos de vaca; coza-se em lume brando por baixo e por cima e mande-se assim na mesma frigideira, ou prato, à mesa.

O mesmo se faz de frangões, pombos, perus, mas o peru leva dobrado picado.

8
Galinha em potagem à francesa

Assada uma galinha, asse-se o fígado dela, o qual, depois de pisado, deite-se em uma pequena de mostarda já preparada: e logo que tiverem derretido meio arrátel de toucinho e limpo dos torresmos, frijam-se nele duas cebolas picadas, e na mesma sertã lhe deitarão a mostarda misturada com o fígado para que tudo junto se torne a frigir; tempere-se com pimenta, cravo, noz-moscada, cardamomo, de sorte que fique bem picante: se lhe quiserem deitar cheiros, não lhe deitem mostarda. Feita esta potagem, põe-se a galinha assada no prato em pedaços com esta potagem e sumo de limão por cima.

O mesmo se faz para peru, frangões, pombos, coelhos e cabrito.

Também se faz para perdiz, mas em lugar de toucinho leva azeite e alhos.

9
Galinha em pé

Ponha-se a cozer uma galinha com meio arrátel de toucinho, duas onças de manteiga, vinagre, cheiros, todos os adubos e um quartilho de água: tanto que a água se gastar e ficar a substância, se trinchará a galinha, e sem picar a titela se picarão as mais carnes no cepo com toucinho e cheiros; depois de muito bem picada, se deitará em uma tigela e se temperará outra vez com todos os adubos pisados, o miolo de dez réis de pão ralado, a titela da galinha desfiada em fibras grossas e doze gemas de ovos: logo batendo-se tudo, para que fique bem moído, se irá deitando em uma frigideira com manteiga fervendo às colheres, frigindo-se cada colher sobre si e pondo-se em um prato sobre fatias albardadas; depois que estiver cheio o peito, com sumo de limão por cima, mande-se à mesa.

Deste modo se faz também peru.

10
Galinha agra e doce

Uma galinha metida em uma panela, com um arrátel de presunto magro, adubos inteiros, um marmelo em quartos ou, não havendo marmelo, maçãs azedas, meio arrátel de açúcar, um golpe de bom vinagre, e põe-se a cozer: como está cozida, deita-se em um prato sobre fatias com bem limão e manda-se à mesa, mas em branco.

Galinha recheada

Para se rechear uma galinha, pica-se em uma parte arrátel e meio de carneiro e, em outra parte, uma quarta de toucinho com cheiros, tudo muito bem picado: ponha-se logo a afogar o toucinho e os cheiros com a metade do carneiro; estando meio afogado, se botará no cepo misturando-se com outra metade do carneiro; pique-se tudo junto com três ovos, todos os adubos, vinagre e pão ralado. Feito isto, recheia-se a galinha e põe-se a assar em uma frigideira, ou a cozer se quiserem, e pondo-se sobre sopa dourada com sumo de limão por cima, mande-se à mesa.

Assim se fazem pombos, frangões e perus.

Galinhada com cidrão

Coza-se uma galinha com uma quarta de toucinho e cheiros e, depois de cozida, tempere-se com todos os adubos: faz-se logo um pão em fatias e, cortadas a modo de dados, põem-se em um prato em que se há de deitar todo o caldo de galinha, para que fiquem brandas, e açúcar e limão para fazer esta sopa agra e doce, e há de corar-se com lume por baixo e por cima: logo ponha-se a galinha em cima, feita em quartos e passada por ovos batidos com bem limão; corte-se meio arrátel de cidrão em talhadinhas delgadas e, depois de passadas pelos mesmos ovos, por-se-ão à roda do prato e entre a galinha. Assim se leve à mesa.

Deste modo se fazem frangões, pombos, cabritos e qualquer ave.

Substância de galinha

Para se fazer esta substância, meta-se uma galinha gorda em uma prensa, depois de meio assada, na qual se apertará até se delirem os ossos: apanharão a substância em uma tigela e, temperando-a de sal, se misturará, se for para são, com outro tanto caldo de galinha e, se for para doente, em uma tigela de caldo se deitará uma, ou duas colheres pequeninas da dita substância.

Almôndegas de galinha, veja-se *Almôndegas de carneiro* (folha 64 nº 4, Cap. II). Galinha de outros muitos modos, veja-se o Índice.

Caldo bom para nutrir e muito fresco

Uma galinha bem gorda, uma perdiz, ou duas boas, um garrãozinho de vitela; as perdizes e o garrão hão de primeiro ser entesados em água quente, e depois, junto com a galinha, se meterá tudo em uma panela quase cheia de água até o gargalo e se lhe deitará uma mão cheia de cevada pérola, com suas pedras de sal competentes, e se porá ao lume, de modo que vá fervendo suavemente; em os adens estando cozidos, com uma escumadeira se irão tirando as perdizes, a galinha e as postas em um prato, e o caldo se passará por um passador, mexendo-se sempre com uma colher de pau para que aquela substância e o licor vá caindo embaixo no caldo; este se deitará em uma tigela e se mandará à mesa, e, para maior substância, lhe poderão botar duas ou três gemas de ovos.

CAPÍTULO IV

De alguns pratos de peru

PRIMEIRO PRATO
Peru salsichado

Um peru depois de limpo e depenado, mói-se com o pau da massa e entesa-se na olha ou em água e sal: e lardeando-se primeiro com lardos de toucinho grossos salpimentados, se mete em uma panela com toucinho picado, seis maçãs azedas, todos os adubos inteiros e pisados (exceto açafrão), um golpe de vinho, pouco vinagre e um quartilho de água: logo barrando-se a panela, para que não saia bafo, mete-se no forno três horas, ou põe-se em um rescaldo ao redor do lume quatro horas, tendo-se cuidado de ir virando a panela: tanto que está feito, põe-se em um prato sobre fatias com sumo de limão por cima ou agraço, havendo-o.

Deste modo se fazem coelhos, lebres, vitela e lombos.

2
Almôndegas de peru

Pique-se um peru com meio arrátel de toucinho e cheiros, todos os adubos, miolo de pão ralado e vinagre; estará em pouco lume fervendo uma tigela com caldo da panela, em que se irão botando as almôndegas, e ao cabo coalhe-se com três gemas de ovos, põem-se sobre fatias com canela, e limão por cima.

Assim se fazem de galinha, perdiz ou vitela.

3
Peru salsichado de outro modo

Depois de muito bem lardeado um peru novo, ou perua, o meterão em uma panela com um pedaço de lombo de porco, uma posta de toucinho, ou de presunto, todos os adubos pretos, um golpe de vinagre e meio quartilho de água: logo barrarão a panela, para que não saia o bafo, e a porão a cozer devagar em lume brando: como estiver cozida, a abrirão para se temperar do que lhe faltar; e pondo-se sobre fatias com sumo de limão por cima, mandarão o peru à mesa, guarnecido com talhadas do mesmo lombo lardeado.

4
Peru de sopa branca

Ponha-se a assar no forno um peru em uma frigideira com uma pequena de manteiga de vaca boa, adubos, um dente de alho, um golpe de vinagre e outro de água; como estiver assado, coar-se-á o molho em uma tigela e, deitando-lhe uma quarta de amêndoas pisadas, ponha-se a ferver e tempere-se com espécies pretas; logo trinchando o peru e pondo-se sobre fatias, se lhe deitará a calda por cima com sumo de limão. Assim vai à mesa.

5
Peru com salsa real

Assado um peru do mesmo modo que dissemos no prato antecedente, se coará o molho em uma tigela de fogo, na qual se porão a cozer seis quartos de marmelo e quatro de camoesas, e o temperarão com vinagre e todos os adubos, de sorte que fique picante. Feito o peru em pedaços, se porá em um prato sobre fatias e por cima lhe deitará o molho com os quartos da fruta e limão; assim vai à mesa.

6
Peru estilado

Depois que um peru estiver depenado e limpo, lhe meterão dentro meio arrátel de presunto e, no mesmo presunto, uma moeda de ouro portuguesa, uma pedra de açúcar que pese uma quarta, duas gemas de ovos, duas camoesas ou um marmelo, e, não havendo estas frutas, duas maçãs azedas; logo meta-se o peru em uma panela com duas onças de manteiga de vaca, todos os adubos inteiros, vinagre, sal e água pouca: como estiver tudo isto na panela, depois de barrada para que não saia o bafo, ponha-se a cozer devagar em lume brando; mande-se à mesa sobre fatias e sumo de limão por cima.

Deste modo se fazem galinhas, pombos, coelhos e peru de vários modos. Veja-se o Índice.

CAPÍTULO V

De alguns pratos de pombos

PRIMEIRO PRATO
Pombos dourados

Logo que estiverem limpos os pombos, abrindo-se pelas costas, lhe meterão presunto, e descaídas, cortado tudo do tamanho de dados; feito isto, tornarão a juntar os pombos e, assentando-os em uma frigideira, lhe deitarão uma colher de caldo da panela: ponha-se ao lume a cozer devagar, juntamente com a tampa de brasas por cima, e como estiverem cozidos se untarão por cima com uma gema de ovo; põe-se sobre sopa dourada e assim se manda à mesa.

Deste modo se fazem rolas e frangões.

2
Pombos de D. Francisco

Depois que estiverem assados os pombos, se afogará um pequeno de toucinho com uma pouca de manteiga, todas as espécies, cheiros, vinho branco, um golpe de vinagre, agraço inteiro, se o houver, e quando não sumo de limão, para que fique apetitoso; estando temperado, ponham-se os pombos sobre fatias de pão e lance-se por cima o molho. Assim vai à mesa.

3
Pombos de salsa negra

Uns pombos novos meio fritos em toucinho derretido, tirando-se fora os pombos, no mesmo toucinho frigirão uma pequena de cebola e salsa picada, e como estiver frita, a lançarão em uma tigela com uma pequena de salsa feita, todos os adubos pretos, um golpe de vinho branco, outro de vinagre; pondo os pombos por cima, acabarão de cozê-los neste molho, o qual se fará mais grosso com uma pequena de farinha bem parda, põem-se sobre fatias e assim vai à mesa.

Deste modo se fazem frangões.

4
Pombos recheados

Depois de abertos os pombos pelas costas, peitos e pernas, se rechearão com carneiro muito bem picado e temperado na forma do prato *Carneiro para qualquer recheado* (folha 63 1º prato, Cap. II); logo os cozerão com lume brando em uma tigela baixa, que há de estar com caldo fervendo: temperam-se com todas as espécies e coalham-se, para que fique o caldo grosso nos pratos, com gemas de ovos. Põem-se sobre fatias com sumo de limão e canela por cima.

Assim se recheiam frangões, peitinho de carneiro e cabecinha de cabrito.

5
Pombos enredados

Entesarão dois pombos inteiros em toucinho, temperado com adubos, e se irão assando metidos no espeto: quando estiverem corados, cobrirão cada um por si com um pequeno de folhado português. Logo embrulhando-os em uma folha de papel e atando-os com um cordel, se irão assando outra vez no espeto até se cozer a massa: tire-lhe o papel, e quentes mandem-se à mesa.

Deste modo se faz qualquer carne.

6
Pombos turcos

Dois pombos depois de limpos, os partirão em metades e afogarão em meio arrátel de toucinho e um quartilho de caldo ou água quente; estando meio cozidos, se temperarão com todos os adubos: como estiverem temperados, se tirarão fora do caldo e se porão em um prato sobre fatias de pão-de-ló, molhadas em meia canada de leite, que se há de estar cozendo com seis gemas de ovos e uma pouca de farinha até que fique grosso. Entretanto que isto se faz, se porão a cozer dois cardos partidos em pequenos; como estiverem meio cozidos, se tirarão da primeira água e se acabarão de cozer no caldo que ficou dos pombos, e juntamente se temperarão com todos os adubos: logo se comporão os pombos no prato, encamando-os com cardo, e lhe deitarão por cima leite cozido; coram-se no forno com lume por baixo e por cima e, corados, mandem-se à mesa. Veja-se o Índice.

CAPÍTULO VI

De alguns pratos de frangões

PRIMEIRO PRATO
Frangões de fricassé

Tomarão cebola, salsa e toucinho muito bem picados, se deitarão em uma tigela com manteiga e água a que bastar para o que se quiser fazer; isto se porá a ferver; enquanto se está cozendo, terão muito bem lavados os frangões (galinhas ou pombos que se quiserem fazer) e estarão deitados em água, e depois que o picado de cebola, salsa e toucinho estiver muito bem cozido, se lhe deitará dentro feito em pequenos, o que se quiser fazer; e tanto que estiverem cozidos com os adubos, que são açafrão, pouco cravo, pimenta, canela e vinagre, se lhe deitará um pequeno de miolo de pão ralado, o que baste para engrossar este molho, e tanto que parecer que está com algum cozimento este pão, desfarão em uma tigela as gemas de ovos que pedir o prato, e se lhe deitarão mexendo sempre, de sorte que se não coalhe logo, e feito isto se deitará no prato, sobre fatias e com sumo de limão por cima.

Assim se fazem também galinhas ou pombos etc.

2
Frangões estrelados

Cozam-se em uma olha quatro frangões; como estiverem cozidos, tirem-se fora inteiros e, depois de muito bem salpimentados, ponham-se a frigir em toucinho derretido até corarem: estando corados, se porão em um prato sobre fatias torradas, com o toucinho por cima, com bem limão; arme-se este prato com salsichas, torresmos de presunto, ou lombo, e mande-se à mesa.

3
Frangões fritos

Depois que os frangões estiverem espaço de duas horas em conserva de vinho, vinagre, alhos e orégano, se porão a frigir em manteiga de porco com suas fatias de pão: como estiverem feitos, derreta-se um pequeno de toucinho picado e, estando derretido, deite-se em uma pequena de conserva dos mesmos frangões: tempere-se com todas as espécies e ponham-se neste molho a ferver os frangões; depois de passados pela fervura, mandem-se à mesa com sumo e talhadas de limão por cima.

Assim se fazem pombos, carneiro e cabrito.

4
Frangões albardados

Dois frangões, depois de meio assados, partidos em metades e salpimentados, se passarão em uma tigela por quatro ovos batidos: logo que estiverem muito bem passados, os frigirão com o ovo em manteiga de porco até que fiquem bem corados; põem-se no prato sobre fatias de pão albardadas com talhadas de limão por cima.

Deste modo se faz qualquer casta de carne, guarnecendo-se com tutanos albardados.

5
Frangões de caldo de vaca

Cozerão os frangões na gordura de vaca com uma capela de todos os cheiros: depois de cozidos farão umas sopas do mesmo caldo, sobre elas se porão os frangões e, com talhadas de paio ao redor do prato, se mandarão à mesa.

6
Frangões com fidéus

Ponham-se a afogar dois frangões em pedaços com uma quarta de toucinho, cheiros e vinagre; estando meio cozidos, temperem-se com todos os adubos; logo se deitarão neste guisado uns fidéus de massa, que são como pinhões torrados, e tirando-se fora do lume ponham-se em um rescaldo enquanto não vão à mesa, e quando forem lhe deitarão limão por cima.

Deste modo se fazem galinhas e pombos.

Também se poderá fazer disto um pastel.

7
Frangões doces

Depois que tiverem assado dois frangões grandes, e tomando o pingo deles, os deitarão em um arrátel de açúcar, que há de estar em meio ponto, com meio arrátel de amêndoas pisadas muito bem e o dito pingo; como os frangões estiverem cozidos e o polme grosso, se deitarão no prato sobre fatias de pão-de-ló, com o polme e a canela por cima.

Desta sorte se fazem galinhas e pombos.

8
Frangões à francesa

Quatro frangões depois de muito bem limpos, com seus bicos e pés, se meterão em uma olha, e como estiverem meio cozidos, se tirarão fora: rechearão logo com dois arráteis de carneiro, picado e temperado como para pastéis, um pão de dez réis e os frangões, abrindo-os pelas costas: ponha-se o pão recheado no meio de um prato untado de manteiga e acomodem-se à roda os frangões, e entre eles quatro olhos de chicória ou de alfaces ou cardo; como o prato estiver apartado, se porão por cima seis gemas de ovos batidos com limão e uma colher de caldo da panela: logo corarão o prato e o mandarão à mesa.

Assim se fazem pombos, tordos e frangões de vários modos. Veja-se o Índice.

CAPÍTULO VII

De alguns pratos de adens e patos

PRIMEIRO PRATO
Adens ordinários ou extraordinários

Assando-se um adem bravo, ou manso, se irá tomando o pingo até estar meio assado, no qual pingo se deitará um golpe de vinho branco, e lançando-se em uma tigela de fogo se porá a afogar nela o adem inteiro com duas onças de manteiga, um marmelo em quartos apartados, e todos os adubos; como estiver cozido, o porão no prato sobre fatias tostadas com o molho, quartos de marmelo e limão por cima.

2
Adem de marquim

Depois que um adem estiver meio assado e muito bem salpimentado, lhe meterão por dentro lascas de presunto, lombo ou toucinho, também salpimentadas: logo untando o adem muito bem de manteiga, lhe porão por cima umas folhinhas (que hão de ser feitas de massa tenra muito fina), o embrulharão em papel untado de manteiga, tornarão ao lume e o acabarão de assar; depois de assado, tirando-lhe o papel e pondo-se no prato, o mandarão à mesa.

Poderão também (se quiserem) fazer-lhe uma costrada de ovos e açúcar, ou pão ralado.

Deste modo se fazem pombos, frangões, patos ou lombos de qualquer casta de carne.

3
Patos dourados

Um pato partido em quartos, depois de bem cozido, o cozerão em toucinho derretido; como estiver afogado de sorte que fiquem os quartos inteiros, os passarão por ovos batidos: logo assentando-os em sopa de nata sem açúcar, os mandarão corar.

O tempero deste prato é geral para qualquer casta de carne e ainda de peixe.

4
Patos de piverada

Enquanto se assar um pato, se irá tomando o pingo e, deitando-se neste pingo um golpe de vinho branco, um dente de alho, noz-moscada, pimenta e uma folha de louro, o porão a ferver; logo pisará um fígado de pato meio assado e, desfeito com um pouco de molho, o deitarão no que está fervendo: pondo o prato sobre fatias tostadas, e o molho por cima, o mandarão à mesa.

5
Caperotada de pato

Depois de o pato assado e feito em pedaços, se assenta um prato ou frigideira sobre fatias: logo da olha lhe deitarão por cima duas colheres de caldo gordo; cobrindo-se o prato com um quarto de queijo de Alentejo ralado, misturado com salsa picada, o molharão com outra colher de caldo por cima; feito isto, o porão a aboborar em umas brasas, e depois de enxuto o mandarão à mesa.

6
Pato com molho

Porão em uma tigela um pouco de vinagre destemperado debaixo do pato, que se há de estar assando, para que nela tome pingo, no qual deitarão uma pequena de manteiga, pimenta pisada e algum açafrão, e havendo uvas maduras lhe espremerão um cacho; logo que estiver assado o pato, o corarão e lhe darão uma fervura na tigela do molho; quando o quiserem mandar à mesa, o deitarão com o molho no prato sobre fatias de pão.

Para outros pratos diferentes, veja-se o Índice.

CAPÍTULO VIII

De alguns pratos de perdizes

PRIMEIRO PRATO
Perdizes à portuguesa

Logo que estiverem entesadas as perdizes, lhe darão em cada uma seis golpes ao comprido: e lardeando-as por dentro dos golpes com lardos de presunto, e apertando-as muito bem à roda com um cordel, as porão a assar com lume por baixo e por cima, em uma frigideira cova com azeite, vinagre e pimenta: depois de assadas, as porão em um prato e deixarão ferver o molho com umas poucas de alcaparras de França; como estiver fervido, o deitarão sobre as perdizes e as mandarão à mesa.

2
Perdizes assadas à francesa

Assando-se primeiro em uma frigideira com toucinho derretido duas perdizes inteiras, com suas cabeças e pés, se torrarão duas fatias de pão e, pisando-as em um almofariz e desfazendo-as com o mesmo molho das perdizes (como quem faz mostarda), botarão esta potagem em uma tigela de fogo com um golpe de azeite, dois de vinagre, pimenta, cravo e noz-moscada; e pondo-se em umas brasas até que levante fervura, a deitarão sobre as perdizes, que hão de estar em um prato sobre fatias de pão torrado, com seu sumo de limão por cima; e assim levem-se à mesa.

3
Perdiz cozida

Coza-se uma perdiz com uma quarta de toucinho, duas onças de manteiga, meia dúzia de grãos, todos os adubos, cheiros e vinagre; como estiver cozida com quantidade de caldo que encha uma tigela, mande-se à mesa com sumo de limão.

4
Perdizes de peito picado

Tirem-se os peitos a duas perdizes entesadas, e picando-se primeiro com um peito de galinha e uma quarta de toucinho, se temperarão no cepo com quatro ovos, todos os adubos, vinagre e limão: logo armarão as perdizes com o picado, lardeando-as de toucinho e gema de ovo, como fazem à capela de carneiro: ponha-se três horas em lume brando a cozer em uma frigideira com uma colher de caldo. Postas as perdizes no prato, engrossarão a substância com duas gemas de ovos e lha deitarão por cima com torresmos de presunto: e deste modo leve-se à mesa.

5
Perdizes de Miguel Dias

Ponham-se a ferver em uma tigela duas perdizes assadas e partidas em quartos em dois dentes de alho, azeite, vinagre, sal, pimenta e duas folhas de louro: como acabarem de ferver, mandem-se à mesa.

Deste modo se fazem coelhos e vitela.

6
Perdiz doce

Depois de assada uma perdiz, lhe meterão dentro quatro gemas de ovos cozidas e picadas, uma quarta de amêndoas pisadas e um arrátel de açúcar de pedra peneirado: logo frigirão a perdiz em manteiga, ou toucinho; depois de fria, a passarão por açúcar em ponto fervente e, metendo-a no espeto, a enxugarão com canela e açúcar em pó.

CAPÍTULO IX

De alguns pratos de coelho

PRIMEIRO PRATO
Coelho de salada

Assados os coelhos que quiserem, se farão logo em gigote, o qual se há de deitar em um prato de salada muito bem armado com seu sal e pimenta: quando se houver de mandar à mesa, lhe deitarão azeite, vinagre e pimenta fervendo.

2
Coelho de João Pires

Ponha-se a afogar meio arrátel de toucinho picado com cebola e salsa bem picada. Como estiver afogado, lhe deitarão dentro os coelhos partidos em pedaços e, depois de cozidos, se temperarão com todos os adubos, cominhos, limão, azeite, agraço (se o houver) ou vinagre: e posto sobre fatias de pão com talhadas de limão por cima se mandem à mesa.

3
Coelho de horta

Depois de muito bem lardeados uns coelhos novos, se assarão e, assados, se trincharão em um prato; ponham-se algumas rodas de cebola por cima (que há de estar em água) e salsa verde picada; logo lhe deitarão azeite, vinagre fervendo misturado com pimenta e alcaparras.

Deste modo se fazem perdigotos.

Coelho cozido em branco

Um coelho depois de esfolado, lavado muito bem, o porão a afogar em uma panela com uma posta de toucinho, outra de presunto, manteiga, cheiros, uma cebola partida pelo meio, adubos pretos e sal (também, se quiserem, lhe meterão perdizes, pombos ou rolas); como estiver cozido, o mandarão à mesa bem azedo.

Coelho albardado

Um coelho, como estiver assado, se porá em um prato sobre fatias com muitos golpes pelo lombo e pernas: faça-se logo um molho com uma quarta de toucinho derretido, limpo dos torresmos, uma colher de manteiga, uma cebola feita em pedaços, muitos cheiros e salsa, tudo muito bem picado; tempere-se com pimenta, cravo, gengibre e pouco açafrão. Feito este molho, se lançará por cima do coelho, o qual com seu limão por cima se mandará à mesa.

Coelho real

Entesado um coelho e meio assado, o picarão muito bem e, deitando-o em um arrátel de açúcar em ponto, com meio arrátel de amêndoas pisadas, o porão a cozer espaço de uma hora; logo lhe deitarão cinco réis de pão ralado, oito gemas de ovos, para que incorpore, canela, cravo-da-índia e almíscar: deitar-se-á em tigelinhas, que coradas se mandarão à mesa.

CAPÍTULO X
De lebres

PRIMEIRO PRATO
Lebre assada com pele

Uma lebre nova pela-se em fresco, tirando-lhe só a penugem, e depois de muito bem limpa e lavada recheia-se entre a pele e a carne e metem-se-lhe algumas lanchas de toucinho salpimentadas: logo muito bem atada com um cordel, se põe a afogar no espeto, depois de assada, tira-se lhe o cordel, manda-se à mesa.

Deste modo se fazem coelhos.

2
Lebre armada

Tire-se a carne a uma lebre do lombo e das pernas de maneira que fiquem os ossos inteiros, e pique-se com dois arráteis de carneiro, uma quarta de toucinho e alguns cheiros; logo que tudo estiver picado, se armará em uma frigideira untada de manteiga, ficando a lebre com a proporção que era dantes: e finalmente se comporá com seus lardos por cima e se mandará à mesa sobre sopa de queijo.

Deste modo se faz coelho.

3
Lebre cozida

Tire-se o sangue a uma lebre com muita limpeza e, depois de muito bem lavada, ponha-se a cozer com uma quarta de toucinho, duas cabeças de alho e alguns cheiros; tempere-se com cravo, pimenta, gengibre, cominhos e vinagre, e como estiver cozido deitem-lhe o sangue.

Assim se faz coelho.

Lebre em potagem

Porão a assar uma lebre muito bem lavada e lardeada com toucinho: depois de assada, picarão um pouco de toucinho e o porão a derreter em uma tigela alta: como estiver derretido, lhe deitarão duas cebolas, todos os cheiros e todos os adubos: e como estiverem afogados lhe tirarão os torresmos com a escumadeira e lhe deitarão meio quartilho de vinho, temperando-se de tudo o que lhe for necessário. Feita esta potagem, a deitarão por cima da lebre, que há de estar posta em um prato com suas alcaparras e talhadas de limão por cima. Desta sorte se faz coelho.

5

Lebrada

Esfolarão uma lebre fresca sem ser lavada e, tirando-lhe a buchada, que limpa dos cabelos há de ser lavada do sangue, porão a lebre a afogar em uma panela com a mesma água em que a buchada se lavou do sangue, com toucinho derretido limpo dos torresmos, cheiros migados e cebola: como estiver cozida, lhe deitarão um miolo de pão de rala (do tamanho de um ovo) torrado e desfeito em vinagre no gral, com espécies, cravo, pimenta, açafrão pouco, cominhos e vinho bom: logo ponha-se no prato sobre fatias de pão e mande-se à mesa com talhadas e sumo de limão por cima.

CAPÍTULO XI

De alguns pratos de cabrito

PRIMEIRO PRATO
Cabrito assado e lardeado

Ponha-se a assar um quarto de cabrito no espeto e, como estiver quase assado, lardeie-se com lardos de toucinho delgados do comprimento de meio dedo, acabe-se de assar e leve-se à mesa sobre a sopa que quiserem.

Deste modo se assam frangões, perdizes e coelhos.

2
Cabrito de tigelada

Ponha-se a afogar o cabrito em pequenos com toucinho. Como estiver cozido e temperado, deite-se em uma frigideira sobre fatias de pão e logo com seis ovos batidos por cima ponha-se a corar.

Assim se fazem peitos de carneiro, vitela, frangões ou pombos.

3
Cabrito dourado

Depois que estiver assado o cabrito, se fará em pedaços, que se irão passando por ovos e frigindo em manteiga: porão logo em um prato de prata, ou frigideira baixa, uma sopa de queijo que conste de uma quarta de queijo em talhadas, um pão de dez réis em fatias e uma quarta de açúcar: unta-se o prato com manteiga, põem-se nele as fatias de pão em cama e, sobre cada cama de fatias, outra de talhadas de queijo com açúcar e canela por cima. Finalmente, sobre tudo isto se deita o ovo batido que sobejou de cobrir o cabrito: ponha-se a corar e, como estiver corado, mande-se à mesa com o cabrito, canela e limão por cima.

Deste modo se fazem galinhas, perus, frangões e pombos.

4
Mãos de cabrito

Depois que as mãos de cabrito estiverem peladas, cozendo-as primeiro, as deitarão em conserva espaço de quatro horas e, passando-as por um polme de ovos e farinha, as porão em um prato de prata, ou frigideira, sobre fatias de pão passadas pelo mesmo polme, com talhadinhas de cidrão entre mão e mão: logo farão um molho de caldo de galinha gordo, ou de carneiro agro e doce, e o deitarão por cima das mãos, que se mandarão à mesa depois de coradas com canela por cima.

Assim se fazem mãos de carneiro.

CAPÍTULO XII

De alguns pratos de vitela

PRIMEIRO PRATO
Cabeça de vitela recheada

Tirados os ossos fora da cabeça da vitela, que fique inteira, e terão feito um picado muito fino de carne e o estenderão por dentro, e terão feito também um rego de frangões ou de pombos com seus fígados e seu bocado de presunto e lho meterão dentro, e o picado de uma e outra parte; depois meterão a língua da mesma cabeça na boca, que aponte metade de fora, e coserão os cantos da boca com um fio de barbante, que não caia, e pela banda do pescoço na mesma forma, cosida assim muito bem, se meterá a cabeça em uma caldeira onde esteja a vaca e se porá a meio cozer, e depois se porá em uma frigideira com sua gota de caldo e de vinagre e seu bocado de espécies inteiras, folhinhas de louro e, untada com manteiga a cabeça, ou com toucinho por cima, irá ao forno assim e se acabará de cozer neste molho, voltando-se de quando em quando de cima para baixo e de baixo para cima. E vindo a cabeça se porá em um prato, e estará feito um rego de fígados ou de presunto, que se lhe lançará este rego engrossado com ovos e agro de limão, guarnecido com os mesmos pés de vitela albardados. E mande-se à mesa.

2
Polegares de vitela

Depois que estiverem assados os polegares no espeto, se fará uma mistura de pão ralado, salsa picada moída e três gemas de ovos duras, que deitarão nos polegares, untando-os primeiro de manteiga: logo se porão a corar, e pondo-os sobre sopa francesa, os mandarão à mesa.

3
Lombo de vitela estufada

Logo que estiver um lombo limpo de nervos e peles, o meterão em uma panela com meio arrátel de toucinho, uma quarta de manteiga, um quartilho de vinho branco, duas cabeças de alho, um golpe de vinagre, outro de água, pimenta inteira, canela, noz-moscada, meia dúzia de cravos, duas folhas de louro e alguns quartos de marmelo: barrada a panela, a porão a cozer devagar em lume brando; como estiver cozida, a temperarão do que lhe faltar e, deitando-se o lombo sobre fatias, o mandarão à mesa.

Também deste modo se faz lardeado: da mesma sorte se faz veado e lombo de qualquer carne.

4
Cabeça de vitela

Cortada pela junta do pescoço a cabeça de vitela, se pelará como quem péla um leitão, e enquanto se não cozer se porá em água fria; logo lhe apertarão a tromba com um cordel, de maneira que lhe fique a ponta da língua de fora, e pondo-a a cozer em uma tigela nova lhe deitarão toucinho em dados, pimenta inteira e algum gengibre; como estiver cozido, lhe tirarão o queixo de baixo: e quando se quiser pôr no prato lhe abrirão o de cima com uma faca junto aos miolos, para que lhe entre dentro o vinagre e pimenta pisada, que também se há de deitar por cima de toda a cabeça, deitando-se primeiro o vinagre para que fique a pimenta pegada; deste modo se mandará à mesa com salsa em rama por cima.

5
Peito de vitela recheado

Depois que um peito de vitela estiver em conserva três dias, porão a cozer um peito de vaca amarelo na olha até estar meio cozido: e picando-se com uma posta de toucinho o temperarão com cravo, pimenta, noz-moscada e limão: com esta carne rechearão logo o peito da vitela, o qual posto em uma frigideira com uma dúzia de tutanos por cima se mandará assar ao forno com o molho da conserva; depois de assado sobre fatias de pão torrado se manda à mesa.

<h1 style="text-align:center">6</h1>
Vitela de caravonada

Estando três dias em conserva quatro arráteis de vitela da perna, cortando-se toda em talhadinhas muito delgadas, lardeadas com lardos de toucinho salpimentado, se frigirão em banha de porco ou toucinho; como estiverem fritas, se porão a cozer espaço de uma hora com um molho feito da conserva e todos os adubos pretos. Logo se tirarão do molho e, pondo-se a corar nas grelhas, cobertas de pão ralado e canela, assim tostadas se mandarão à mesa.

O mesmo se faz a cabrito e lombo de vaca.

<h1 style="text-align:center">7</h1>
Mãos de vitela

Cozidas e fritas as mãos de vitela, se albardarão com ovos e se porão sobre uma sopa que se chama Joldres. Para se fazer esta sopa, baterão seis gemas de ovos crus em um tacho, um arrátel de manteiga de vaca, duas colheres de caldo, uma quarta de açúcar, um pouco de vinagre, pimenta, noz-moscada e sal: porão tudo isto ao fogo e, começando a ferver, que é sinal de estar feita esta sopa, lhe meterão dentro as mãos de vitela albardadas, que hão de pôr logo em um pequeno de rescaldo para que se não corte, e sobre fatias de pão se mandarão à mesa.

Deste modo se fazem mãos de carneiro, mãos ou cabeça de cabrito.

O mesmo se pode fazer a frangões, lombos e adens, mas não hão de ser albardadas.

<h1 style="text-align:center">8</h1>
Mãos de vitela de outro modo

Peladas as mãos de vitela, como quem péla um leitão, e muito bem cozidas em água e sal, de sorte que larguem os ossos, as passarão por ovos batidos e as frigirão em manteiga de vaca, e fazendo-lhe um caldo agro e doce com gemas de ovos, caldo de galinha ou de carneiro, açúcar, vinho branco e vinagre, as temperarão com gengibre, canela, pimenta, noz-moscada e cravo; feitas, as mandarão à mesa.

9
Pés de vitela a la dama

Cozidos os pés de vitela se farão em bocadinhos e, tirando-se-lhes os ossos, se irão passando por ovos, e albardando-os e frigindo, passá-los uma ou duas vezes por ovos; depois se porão em uma caçarola com seus pozinhos de farinha e de açúcar, pimenta, canela, ervas finas, salsa, cebolinha e dois cravos (segundo for a porção), e assim lhe deitarão o caldo da panela com uma gota de vinagre bom e se porá a ferver em lume suave; e terão meia dúzia, ou uma, de gemas de ovos, segundo a porção, com seu agro de limão, e fervendo a caçarola se provará, porque há de ser agro e doce, segundo o gosto das pessoas que comerem; então engarrafarão este caldo, com estas gemas de ovos, que fique grosso o caldo, e assim se lançará no prato e irá à mesa.

CAPÍTULO XIII

De alguns pratos de vaca

PRIMEIRO PRATO
Panela de vaca sem couve

Depois de lavada a vaca, se porá a cozer em uma panela com uma posta de toucinho; como estiver cozida, lhe deitarão seis cebolas grandes com alguns golpes em cada uma pelo meio, de maneira que se não partam, e espécies inteiras, uma capela de cheiros, segurelha, hortelã e coentros: como estiver muito bem temperada, a tirarão fora e, depois de meia hora, a mandarão à mesa.

Serve este prato para os meses de maio, junho, julho e agosto.

2
Carne de vaca ou de carneiro assada na água

Tomar-se-á uma perna de carneiro, ou a quantidade que quiserem, moer-se-á com um pau de uma e outra parte para que fique bem branco, depois se fará um lardo de toucinho, que são tirinhas de toucinho, deitando-lhe sal e pimenta no mesmo toucinho e, com uma faca de ponta, ou lardeadeira, se lhe irá metendo na perna de carneiro o dito toucinho, e tomarão uma caçarola com uma pouca de água, que cubra a dita perna, e se irá cozendo até mais de meia água gasta; deitem-lhe um pouco de toucinho picado e deixem ir gastando a dita água até se gastar toda, então, acabada a água, se vai a carne frigindo na dita substância que deixou e se vai virando de uma e outra parte e até estar bem corado; depois se lhe deite meia canada de vinho branco (se o quiserem claro, e se acerejado, tinto) e o deixem ir apurando muito bem, em lume brando, com sua pimenta e espécies pretas, que são pimenta e cravo. Feito assim, se põe em fatias de pão ou torradas e se lhe deite em cima o molho com a carne, seu sumo de limão e em rodas por cima, e vá à mesa.

3
Língua de vaca lampreada

Como estiver cozida uma língua e feita em talhadas, se porá a afogar em uma tigela de fogo com meio arrátel de toucinho derretido, limpo dos torresmos, um golpe de vinho, outro de vinagre, e todos os adubos; depois de afogada lhe deitarão uma pouca de farinha torrada, para fazer o molho grosso e pardo, e açúcar, se quiserem.

4
Lombo de porco

Logo que tiverem tirado a gordura e ossos a um lombo, se farão em pedaços de três quartas cada um e, salpimentando uns lardos grossos de toucinho, lardearão os pedaços do lombo por dentro ao comprido e os frigirão em uma sertã com toucinho derretido, limpo dos torresmos, de maneira que fiquem bem entesados com uma cor morena: cozam-se logo em água em uma tigela e, como estiverem meio cozidos, lhe deitarão uma cebola cravejada com cravos, um pouco de vinho, um golpe de vinagre e, depois de cozidos, uma pouca de farinha torrada desfeita no mesmo caldo do lombo, para fazer o molho grosso, e mande-se à mesa sobre fatias torradas.

5
Lombo de vaca de empada de espeto

Um lombo de vaca, depois de haver estado em conserva, o assarão no espeto; como estiver assado, o cobrirão com um bolo de massa delgado e, embrulhando-o em um papel untado de manteiga, o tornarão ao lume, até que se coza a massa; como estiver cozida, tire-se o papel, ponha-se no prato e mande-se à mesa.

Isto mesmo se pode fazer a qualquer assado.

CAPÍTULO XIV

De porco

PRIMEIRO PRATO
Mãos de porco de caravonada

Ponham-se a cozer as mãos de porco; como estiverem cozidas, as partirão pelo meio e, cobrindo-as de pão ralado e canela, as porão a corar em umas grelhas; depois de corar, se mandarão à mesa.

2
Fígado de porco

Como tiverem um fígado muito bem assado, derreterão em uma tigela um redenho de porco no qual afogarão uma cebola em pedaços e, depois de afogada, a temperarão de sal e vinagre com espécies, cravo, pimenta, pouco açafrão e alho; logo lhe deitarão o fígado e, como tiver fervido, o tirarão fora e lhe deitarão sumo de laranja, e sobre fatias o mandarão à mesa.

3
Cabeça de porco em achar

Coza-se uma cabeça de porco muito bem cozida com salva, tomilho, manjerona, canela, cravo, pimenta e gengibre, tudo inteiro; depois de cozida, lhe tirarão os ossos enquanto está quente e a deitarão em um pano grosso fazendo-a a modo de um queijo; tenha-se em uma prensa muito apertada vinte e quatro horas e corte-se em talhadas ao comprido, as quais se deitem em vinagre muito forte com espécies inteiras: neste achar estará todo o tempo que quiserem.

4
Queijo de cabeça de porco

Coza-se a cabeça de porco do modo que acima dissemos; depois de cozida, picada muito bem ao cepo e temperada com espécies pisadas (sem levar açafrão), meta-se em um cincho de pau ou empreita e aperte-se na prensa: este queijo não se deita em vinagre, mas traz-se na mesma até que se gasta.

Também se pode fazer da cabeça de porco montês.

Com este queijo se guarnecem muitos pratos.

5
Queijo de paio e presunto

Depois que um paio e quatro arráteis de presunto estiverem de molho doze horas em vinho bom, se picará tudo muito bem e se afogará em toucinho derretido com bem pimenta, cravo, tomilho, manjerona e um pouco de vinho em que esteve de molho; como tudo ferver, se deitará em um pano grosso em que farão queijo na fôrma, que acima dissemos. Este queijo é fiambre.

6
Chouriços mouros

Deite-se a carne de porco fresca, magra e gorda, cortada muito miúda, em conserva de vinho, alhos, cominhos e cebola muito miúda lavada em muitas águas, e nesta conserva estará um ou dois dias; quando se houverem de encher os chouriços, se mudará a carne para outro alguidar sem conserva e a misturarão com banha fresca, cebola picada e algum sangue de porco, quanto baste para tingir bem a carne: encham-nos em tripas de porco e ponham-nos a tomar fumo. Depois de defumados, põem-se a assar e levem-se à mesa.

7
Salsichas de porco

Piquem-se muito bem dois arráteis e meio de porco da perna e um arrátel gordo, e, no mesmo cepo, a temperem com sal, semente de funcho muito bem pisada e um golpe de vinho branco: faça-se em tripa de porco bem limpa e, passando-as primeiro por água quente, as pendurem na chaminé em uma cana, para que se enxuguem: frigem-se na sertã e mandam-se à mesa.

8
Salpicões de porco

Piquem-se muito bem dois arráteis de presunto magro e meio arrátel gordo, e tenha-se doze horas em calda de vinho, vinagre e um dente de alho pisado; façam-se os salpicões em tripa de vaca do tamanho de salsichas e tempere-se com bem pimenta e cardamomo; passados por água quente, se põem a enxugar: frigem-se em manteiga e mandam-se à mesa.

9
Lingüiça

Deite-se em um alguidar vidrado a carne de porco das pernas e lombos (ou também, se quiserem, toda a carne magra de porco) cortada muito miúda com algum toucinho, pimenta e cravo por cima; tenham-se dois ou três dias, em conserva de vinho branco, alhos, sal e pouco vinagre, e seja em tanta quantidade como a carne: quando quiserem fazer as lingüiças, atravesse-se uma tábua limpa sobre o mesmo alguidar e, em cima dela, ponha-se a carne a escorrer a calda e façam-se as lingüiças; depois de feitas as porão a enxugar na chaminé.

CAPÍTULO XV
De diversos pratos

PRIMEIRO PRATO
Pepitória

Pelarão as asas, pescoços e mais miúdos das aves (exceto os bicos e pés) em água quente e, em cada pescoço, se dará um golpe pelo meio, e outro em cada cabeça, para que se possam cozer os miolos; coza-se tudo junto em água e sal, com toucinho, cebolas inteiras e cheiros: como estiver cozido, tire-se o toucinho, cebolas e cheiros; pique-se assim quente e deite-se outra vez na panela e, temperando-a de adubos, se porá a cozer mais: entretanto, ponha-se a ferver em uma sertã uma pouca de manteiga de porco e, como estiver bem quente, lhe deitarão uns pós de farinha, de sorte que se não faça em massa na sertã, mas faça sobre a manteiga umas empolas brancas que fiquem bem alvas; logo deitarão isto com a mesma sertã dentro da panela com vinagre e açafrão: como estiver feita a pepitória, deite-se no prato, que se há de cobrir com gemas de ovos duras e guarnecer com os fígados assados ou fritos.

2
Torrijas de galinha

Pique-se um peito de galinha (ou o fígado e tripas de galinha, que hão de estar de molho) com uma quarta de açúcar muito bem pisado, canela moída e quatro gemas de ovos: depois de picado tudo, ponham-se umas fatias de pão em uma bacia de fartes ou frigideira com uns pós de farinha por baixo e sobre elas o picado; pondo-se sobre umas brasas, e depois de coradas com a tampa das brasas por cima, tirem-se fora e mandem-se à mesa.

3
Antepasto de descaídas

Afogarão muito bem os fígados das galinhas com uma posta de toucinho e cheiros; temperem-nos com todos os adubos, ponham-se sobre fatias e, com talhadas e sumo de limão por cima, mandem-se à mesa.

4
Prato de tutanos

Ponha-se a ferver em um tacho os tutanos de três ou quatro ossos, cortados em pedaços do tamanho de uma polegada, com duas colheres de caldo, meio arrátel de açúcar, vinho branco, uma migalha de sal, cheiros picados, sumo de limão, canela, açafrão e todos os adubos. Como tiverem fervido com duas ou três fervuras, lhe deitarão duas dúzias de gemas de ovos batidas por cima, pão ralado, canela e açúcar (tudo misturado) e se põem a corar em uma frigideira com pouco lume por baixo e por cima, para que cozendo-se devagar tomem boa cor. Logo despegando-os da frigideira com a palheta, os porão assim direto em um prato sobre massa de pastéis feitos, ou fatias torradas, e com três ou quatro canudos de ovos ao redor do prato, ou sem eles, se mandarão à mesa quentes, porque frios não são bons.

5
Geléia de carne

Depois que uma galinha e uma dúzia de pés de carneiro estiverem cozidos em quantidade de água que, de bem cozidos, larguem os ossos, lhe deitarão meia canada de vinho branco: como chegar o caldo à quantidade de canada e meia, se tirarão fora os pés e a galinha e, desfazendo-os em um pano, os espremerão muito bem em um tacho, o qual com meio arrátel de açúcar e dez claras de ovos batidas com o sumo de dois limões se porá a ferver: como estiver fervido, se coará na manga três ou quatro vezes, até que a geléia saia bem clara (se fizer frio, se coará entre dois fogareiros); ponha-se em pratos e, como coalhar, mande-se à mesa.

Também se faz geléia de perdiz e mãos de vitela.

6
Conserva para qualquer carne

Deite-se em uma tigela um quartilho de vinho, meio de vinagre, uma cabeça de alho, um ramo de oréganos, sal quanto tempere a calda: tenha-se nesta conserva a carne que quiserem, partida em pedaços, três ou quatro horas, e depois frigindo-a em manteiga e passando-a por um pouco de molho da conserva fervendo, quente se mande à mesa.

Em conserva de veado e javali se deita salva, tomilho e manjerona, a qual conserva pode estar todo o tempo que quiserem.

CAPÍTULO XVI

De vários pratinhos

PRIMEIRO PRATO
Descaídas

Frija-se uma descaída partida em pequenos, ponha-se em um pratinho com pimenta e limão por cima e guarneça-se com alcaparras.

2
Descaída de outro modo

Frija-se o fígado, a moela e o oveiro; faça-se a moela em gigote à faca, deite-se no pratinho com pimenta e limão por cima, e arme-se em roda com o fígado e o oveiro.

3
Descaída de outro modo

Pique-se muito bem no cepo uma descaída com uma talhadinha de toucinho, ponha-se a afogar em uma tigelinha temperada com pimenta e sal; coalhe-se com um ovo como se faz o picado e deite-se no pratinho com pimenta e limão por cima.

4
Descaída de outro modo

Como estiver picada uma descaída com toucinho e cheiros, se afogará como carne para pastéis e se temperará com todos os adubos. Deitarão este picado em um pratinho ou frigideira e, com um ovo batido por cima, o corarão em umas brasas (como tigelada), e com sumo de limão por cima se mandará à mesa.

5
Descaída de outro modo

Feita a descaída em picado na forma que acima dissemos, se rechará com ela o oveiro das galinhas, fazendo-se morcelas, as porão ao lume em uma tigelinha com uma gota de caldo da panela e, temperadas como almôndegas, as coalharão com uma gema de ovo. Põem-se sobre fatias e, com canela e limão por cima, mandem-se à mesa.

6
Descaída de outro modo

Picada uma descaída, se farão dela almôndegas pequenas do tamanho de botões, temperadas como almôndegas de galinhas, e cozidas com o caldo amarelo (como acima dissemos). Se porão sobre fatias e, com canela e sumo de limão por cima, se mandarão à mesa.

7
Lingüiça assada

Assada uma vara de lingüiça e feita em talhadinhas, com pimenta e limão por cima, mande-se à mesa.

8
Lingüiça de outro modo

Frita a lingüiça em talhadas, coalhada com dois ovos, e feita uma cartuxa muito bem corada, com pimenta e limão por cima, mande-se à mesa.

9
Presunto

Frija-se em toucinho meio arrátel de presunto magro, cortado em talhadinhas, e no mesmo toucinho faça-se um molhinho com um golpe de vinho e duas folhas de louro; com alcaparras, mande-se à mesa.

Também se faz agro e doce.

10
Túberas de carneiro

Fritas as túberas em talhadinhas, pondo-se no pratinho com pimenta e limão por cima, mande-se à mesa.

11
Túberas de outro modo

Fritas as túberas em talhadinhas e albardadas com ovos, com pimenta e limão por cima, mandem-se à mesa.

12
Túberas de outro modo

Afogarão as túberas em uma tigelinha, em talhadas, com toucinho e cheiros, coalharão com gemas de ovos, e com caldo amarelo, canela e limão por cima, sobre fatias, mandem-se à mesa.

13
Túberas de outro modo

Assadas as túberas, feitas em gigote com pimenta e limão por cima, mandem-se à mesa.

14
Túberas de outro modo

Cortadas as túberas do tamanho de dedos, frijam-se em toucinho: deitem-lhe pimenta por cima e dois ovos. Fazendo uma cartuxa como filhós, com limão por cima, mandem-se à mesa.

15
Línguas de carneiro

Cozidas as línguas, cortadas pelo meio de alto a baixo e fritas em toucinho, com pimenta e limão por cima, mandem-se à mesa.

Também se fazem do mesmo modo albardadas.

16
Miolos de carneiro, de porco ou vaca

Entesados os miolos, tirada a teagem, os frigirão em manteiga, coalharão com dois ovos e, com pimenta e limão por cima, os mandarão à mesa.

17
Miolos de tigelada

Feitos os miolos na forma acima, se porão com ovos por cima a corar em uma tigelinha.

18
Miolos albardados

Entesados os miolos e cortados em talhadas, com sal e pimenta por cima, passem-se por ovo batido e frijam-se em boa manteiga: como estiverem fritos, faça-se um molhinho bem azedo de limão e pimenta, e posto sobre eles no pratinho mande-se à mesa.

19
Mãos de porco

Cozidas as mãos de porco, abertas pelo meio e cobertas com canela e pão ralado, as corarão em umas grelhas; coradas se mandarão à mesa.

20
Mãos de porco albardadas

Cozidas as mãos de porco, partidas pelo meio, salpimentadas e albardadas com ovo, com pimenta e limão por cima, mandem-se à mesa.

Também se fazem agras e doces, com canela por cima.

21
Mãos de porco de judeu

Depois de cozidas as mãos de porco, frias e albardadas, pondo-se nos pratinhos se mandarão à mesa.

22
Queijo de cabeça de porco

Feito o queijo como dissemos na folha 102 nº 4, Cap. XIV, se cortarão dele umas talhadinhas que bastarem para um pratinho e, com vinagre por cima e alcaparras, se mandará à mesa.

Também se faz albardando as talhadinhas e passando-as por molho agro e doce.

23
Salsichas

Fritas as salsichas em talhadinhas, com pimenta e limão por cima, mandem-se à mesa.

Também se faz de paio ou chouriço.

24
Lombo de vaca em conserva

Assado o lombo de vaca depois de estar em conserva, e cortado em talhadinhas, mande-se à mesa.

Também se faz albardando as talhadinhas.

Destes modos se faz também de vitela, de língua de vaca e de úbere.

Também se fazem pratinhos de maçãs na forma que dissemos.

CAPÍTULO XVII
De olhas

PRIMEIRO PRATO
Olha-podrida

Ponha-se em uma panela a cozer um pedaço de vaca muito gorda, uma galinha, um adem, uma perdiz ou pombos, um coelho, uma lebre, havendo-a, uma orelheira, ou pá, se for tempo de porco, um pedaço de lacão, chouriços, lingüiça e lombo de porco, tudo misturado com nabos, se os houver, ou rábanos, três cabeças de alho grandes, grãos, duas ou três dúzias de castanhas, sal e cheiros: como estiver cozido, mande-se à mesa em um prato sobre sopas de pão.

2
Olha francesa

Coza-se em uma panela uma galinha, dois pombos, duas perdizes, um coelho, dois arráteis de presunto e chouriço, com uma capela de cheiros por baixo, três cebolas, quatro cabeças de alho, quatro olhos de alface, grãos, espécies inteiras, vinagre e água que cubra tudo isto: como estiver cozida, tempere-se com todos os adubos e, por cima, uma capela de cheiros.

Também esta olha é boa para o verão.

3
De fina olha moura

Ponha-se a cozer vinte e quatro horas, em borralho de carvão de sobro, uma panela com quatro arráteis de vaca do peito, duas línguas de vaca, uma dúzia de tutanos, dois ossos de correr, uma oitava de grãos, seis cabeças de alho, cravo, pimenta, noz-moscada, segurelha e hortelã; depois de cozida, mande-se à mesa sobre sopas.

4
Entrita

Cozam-se em uma panela duas galinhas, duas galinholas, duas perdizes, um coelho e dois arráteis de entrecosto de porco com água (como carneiro); tempere-se com vinagre e todos os adubos: como estiver cozida, tire-se o caldo e, migando-se nele três ou quatro bolos de açúcar e manteiga, ponha-se a cozer; como estiver grosso, acabe-se de cozer com oito ovos e sumo de quatro limões; depois de bem enxuto, deite-se no prato e canela por cima, e pondo-se a carne sobre esta entrita, mande-se à mesa.

5
Olha-podrida em massa

Irão perdigando em toucinho picado as coisas seguintes, cada coisa sobre si: quatro arráteis de maçã de vaca, outros quatro de lombo de porco, duas galinhas, duas perdizes, quatro pombos, meia dúzia de tordos, dois coelhos, meia dúzia de línguas de porco, nabos, couves, alhos, grãos e todas as espécies inteiras; como tudo estiver perdigado, que é meio afogado em toucinho, se amassará um alqueire de farinha com manteiga e ovos e, tirada a massa, se farão de toda ela dois bolos; um deles se porá com papel por baixo sobre uma folha de forno, no qual se porão dois pães de dez réis em sopas e, sobre elas, talhadas de peito de vaca, e por cima das talhadas se irão acomodando em boa forma as coisas sobreditas. Cobrirão com outro bolo, estendendo-o mais para que cubra tudo, e lhe farão o repolego muito grosso, para que não arrebente; abrirão um buraco em cima, para que por ele se lhe deite dentro a substância que ficou do perdigado, e depois de lhe fazerem duas asas de massa (como de panela) e seu testo lavrado, o porão em um forno a cozer devagar; quando se mandar à mesa a sangrarão, tirando-lhe o molho.

Esta olha se faz pelo tempo de entrudo e em todo o ano.

CAPÍTULO XVIII
Pastéis de diferentes modos

PRIMEIRO PRATO
Pastéis comuns

Ponha-se a afogar dois arráteis de carneiro, depois de muito bem picado, com uma quarta de toucinho e cheiros, tudo junto, e uma colher de caldo; como estiver meio afogado, tempere-se com vinagre, e depois de cozido com todos os adubos pisados: coalhe-se logo com três gemas de ovos batidas e ponha-se a esfriar. Assada uma oitava de farinha com uma quarta de açúcar, meio arrátel de manteiga e duas gemas de ovos, sovada muito bem esta massa, se façam dela os pastéis de caixa do tamanho que quiserem e, metendo-lhe a carne dentro, ponham-se a cozer: quando os mandarem à mesa, desfeita uma gema de ovo em uma colher de caldo com sumo de limão, deite-se em cada papel um pequeno deste molho por um buraco, para que vá a carne mais branda.

Este picado serve para qualquer casta de pastéis de galinha, peru ou qualquer carne.

2
Pastéis de passarinhos

Afogadas em meio arrátel de toucinho duas dúzias de passarinhos com umas talhadinhas de lombo, se for tempo de porco, e temperados com todos os adubos pisados, ponham-se a esfriar depois de cozidos. Constam estes pastéis de tudo que dissemos acima. Fazem-se suas caixinhas, metendo-lhe dentro os pássaros, põem-se a cozer e mandam-se à mesa.

Também se fazem de galinhas, frangões, pombos, rolas, mas tudo cortado em pequenos.

3
Pastéis de lombo de vaca

Um lombo de vaca em conserva, estando já mais de meio assado, ponha-se a afogar em meio arrátel de toucinho em talhadas; como estiver afogado, tempere-se com pimenta, cravo, noz-moscada e limão. Feitas as caixas de massa, como os pastéis comuns, cozam-se com a carne dentro e mandem-se à mesa.

Também se fazem pastéis de lombo de porco, vitela e cabrito: porém cabrito leva açafrão.

4
Pastéis de tutanos

Duas dúzias de tutanos, passados por água quente e cortados em pequenos, ponham-se a cozer em um arrátel de açúcar em ponto de espadana: como estiverem cozidos, deitem-lhe uma dúzia de gemas de ovos batidas com algum pão ralado pouco para engrossar; cozidos, ponham-se a esfriar. Amassem, entretanto, uma oitava de farinha com uma quarta de açúcar, quatro ovos, manteiga de porco e um golpe de vinho branco; sovada muito bem a massa e feitos dela os pasteizinhos pequenos cortados com a carretilha, frijam-se em manteiga de porco e, passando-os por um arrátel de açúcar e cobertos de canela, mandem-se à mesa.

Deste modo se fazem pasteizinhos de ovos-moles ou de amêndoas, levando uma quarta delas muito bem pisadas em lugar de tutanos.

5
Pastéis de úbere de vaca

Cozido o úbere da vaca e cortado em talhadas, ponha-se a afogar em meio arrátel de toucinho e uma gota de água; tempere-se com todos os adubos e ponha-se a esfriar; logo tomada a massa (como acima dissemos), façam-se umas caixas sem tampa do tamanho de uma laranja; depois de cozidas, encham-se do úbere com ovos batidos por cima, que lhe sirvam de tampa, sumo de limão e açúcar; ponham-se a corar e mande-se à mesa.

Deste modo se fazem pastéis de línguas de carneiro ou de vaca, de peitinhos de carneiro ou de cabrito.

Veja-se o Índice e se acharão pastéis de outras coisas.

CAPÍTULO XIX

De tortas

PRIMEIRO PRATO
Torta de carneiro

Três arráteis de carneiro muito bem picado com meio arrátel de toucinho, seis ovos e cheiros, ponham-se a afogar com uma colher de caldo e um golpe de vinagre; como estiver afogado, tempere-se com todos os adubos, coalhe-se com quatro ovos, para que fique a carne bem enxuta, e ponha-se a esfriar; logo tomem a massa com água e sal e sovem-na muito bem, façam o folhado francês, ou o que quiserem, e sendo o folhado de mantas ponham seis por baixo e seis por cima; como estiver a carne na torta com duas gemas de ovos picados por cima, e acabada de fazer, cozam-na em lume brando e mandem-na à mesa.

Esta torta também leva, se quiserem, galinha, frangões, pombos, cabrito, línguas ou talhadas de presunto.

2
Torta de pombos e natas

Picada a carne de quatro pombos assados, misture-se com seis tigelas de nata, doze gemas de ovos e meio arrátel de açúcar, cravo, canela, faça-se a torta, coza-se e mande-se à mesa.

3
Torta de toucinho

Ponha-se a cozer em um tacho covo um arrátel de toucinho bem picado, com um arrátel de amêndoas muito bem pisadas e um arrátel de açúcar em ponto de espadana; como estiver cozido, deitem-lhe almíscar ou âmbar, canela e cravo-da-índia; coalhe-se com oito gemas de ovos e ponha-se a esfriar; faça-se a massa de uma oitava de farinha com meio arrátel de manteiga, quatro gemas de ovos, meio arrátel de açúcar e um copo de vinho branco; depois de sovada, façam-se dois bolos, sobre um deles ponha-se o dito toucinho e cubra-se com outro bolo; lavrada muito bem a torta, coza-se em lume brando e mande-se à mesa.

4
Torta de presunto agridoce

Cortem-se em talhadinhas dois arráteis de presunto depois de haverem estado vinte e quatro horas de molho, coza-se em um arrátel de açúcar em ponto de espadana, com um copo de vinho branco, canela e cravo-da-índia, tudo intei-ro, e noz-moscada ralada, e ponha-se a esfriar; feita a massa na forma dos pas-téis comuns, façam-se dois bolos, ponha-se sobre um deles o presunto com alguma calda e cubra-se com o outro; feita a torta, coza-se em lume brando, deite-lhe a calda que ficou, em que se cozeu o presunto, por dois buracos que lhe hão de fazer no meio, e mande-se bem quente à mesa.

CAPÍTULO XX
De empadas

PRIMEIRO PRATO
Empadas de vitela

Corta-se a vitela em pedaços, cada pedaço lardeado com talhadinhas de toucinho, salpimentado na forma seguinte: a saber, salsa picada, pimenta, sal, golpe de vinagre, e assim se botará de conserva em vinho e alhos, ou vinagre de alhos e folhas de louro; estará na conserva um ou dois dias, depois se tomará um pouco de toucinho e se pique com alguma salsa, sumo de limão com todos os adubos, pimenta e cravo. A massa será de farinha boa, amassando-se com ovos, manteiga de vaca e sal; a manteiga será primeiro lavada, então se porão na caixa da empada talhadinhas de toucinho que estejam picadas com salsa e limão, apartadamente por baixo, e em cima deles a carne, e por cima da carne outra ordem de talhadinhas de toucinho, como as debaixo, e coberta a tampa da empada se mandam a cozer.

2
Empadas de carneiro

Ponha-se a afogar em toucinho picado dois arráteis de carneiro da perna sem ossos e lardeado com lardos de toucinho; como estiver meio afogado, tempere-se com todos os adubos, um golpe de vinho, outro de vinagre e duas folhas de louro secas e, depois de temperado, sem se acabar de cozer, ponha-se a esfriar; amassadas uma oitava de farinha com meio arrátel de manteiga e quatro ovos, faça-se uma caixa em que se ponha o carneiro com molho. Feita a empada e cozida, mande-se à mesa.

Deste modo se podem fazer empadas de qualquer carne.

3
Empadas de galinha

Afogue-se em meio arrátel de toucinho uma galinha inteira; depois de afoga-da, dando-lhe uns golpes nas juntas, tempere-se com todos os adubos e ponha-se a esfriar; logo amassando uma oitava de farinha com meio arrátel de manteiga e três ovos, faça-se dela uma caixa em que caiba a galinha com o molho; cozida, mande-se à mesa.

Deste modo se fazem empadas de frangões, pombos, peru, rolas, tordos, adens, lombo de vaca ou de porco, mas com agraço ou limão.

4
Empadas de perdizes

Depois de entesadas em água duas perdizes, lardeiem-se muito bem com lardo de toucinho, e o que sobrar de meio arrátel, tirados os lardos, muito bem sal-pimentados, pique-se com alguns dentes de alho: amassada a massa com meio arrátel de manteiga, fazendo dela um bolo grande, ponha-se nele as perdizes com o toucinho picado por baixo e por cima e duas folhas de louro; fechem a empada com repolego grosso, para que quando se cozer não arrebente; depois de cozida, mande-se à mesa.

Deste modo se faz coelho, lebre ou vitela.

5
Empadas de tordos

Afoguem-se em meio arrátel de toucinho picado seis tordos; como estiverem meio afogados, tempere-se com todos os adubos e ponha-se a esfriar; logo amassando-se uma oitava de farinha com meio arrátel de manteiga e quatro ovos, faça-se uma caixa em que se metam os tordos com o molho do afogado, temperando-se com bem limão; depois de cozida, mande-se à mesa.

Assim se fazem frangões, pombos e rolas.

6
Empadas inglesas

Depois de afogados dois arráteis de carneiro muito bem picado e temperado com vinagre e todos os adubos pisados, ponha-se a esfriar; cozidos uma língua de vaca, um arrátel de presunto na panela e, afogados em uma quarta de toucinho, temperados com todos os adubos e bem limão, ponha-se tudo a esfriar; amassando-se, entretanto, uma quarta de farinha com um arrátel de manteiga, meio arrátel de açúcar, seis ovos e um golpe de vinho branco, depois de muito bem sovada a massa, façam-se dela dois bolos; em um ponha-se a carne picada, sobre os pombos, logo a língua e, sobre a língua, o presunto, e aperfeiçoe-se a empada cobrindo-se com outro bolo, e fazendo-lhe repolego à roda ponha-se a cozer; como estiver cozida, unte-se com ovo batido, cubra-se de açúcar em pó, ponha-se a corar e mande-se à mesa.

Também em lugar de pombos lhe podem pôr galinhas ou frangões.

Deste modo se fazem pastelões redondos, mas não levam carne picada.

7

Empadas francesas

Ponha-se a derreter dois arráteis de toucinho picado com uma cabeça de alho, entesem-se nele uma galinha e dois pombos, tudo inteiro, e quatro arráteis de lombo em talhadas; tempere-se com todos os adubos e ponham-se fora em uma frigideira a esfriar; afoguem-se logo neste mesmo toucinho duas perdizes inteiras e um coelho em pedaços, e ponham-se a esfriar amassada uma quarta de farinha em água e sal, e sovada muito bem faça-se dela folhado francês com um arrátel de manteiga de vaca; dividida a massa em dois bolos, em um ponha-se toda a carne em camas com bem pimenta e limão, cubra-se com o outro, lavrando a empada à roda do modo que quiserem; ponha-se a cozer e, como estiver meio cozida, abrindo-lhe um buraco por cima, deitem-lhe por ele o molho que ficou do afogado; acabem-na de cozer e mandem-na à mesa.

8

Empadas de peru sem osso

Faça-se um peru sem osso da mesma maneira que galinha sem osso, folha 72, lardeando-os muito bem com lardos de toucinho salpimentado; amassem logo uma quarta de farinha, fazendo a massa bem tenra, ponham-se nela o peru, salpimentando-o por fora; fechem a empada muito bem, ponham-se em uma ponta os pés do peru e, em outra, a cabeça com bico, para que pareça vivo, e depois de cozida a empada em lume branco mande-se à mesa.

Também se faz de galinhas, frangões e pombos.

Deste modo se fazem empadas de peito de vitela recheado.

9
Empadas de lombo de vaca

Depois de meio assado um lombo de vaca, cortado em talhadas e lardeado com toucinho salpimentado, faça-se a caixa de uma oitava de farinha amassada com meio arrátel de manteiga e quatro ovos, metam-lhe dentro o lombo com meio arrátel de toucinho picado, pimenta, cravo, sumo de limão e quatro folhas de louro secas; como estiver cozida, mande-se à mesa.

O mesmo se faz de lombo de porco e vitela.

10
Empadas salsichadas

Piquem-se quatro arráteis de carneiro da perna muito bem limpa, com meio arrátel de toucinho; depois de picado deitem-lhe sal, pimenta, cravo, noz-moscada, um golpe de vinho, outro de vinagre; mandem esta carne do cepo para a tábua da massa e façam dela um bolo bem estendido, cobrindo-a por cima com lardos de toucinho, salpimentando-a e borrifando-a muito bem de vinho, dobrem-na como folhado de rolo para que fiquem por dentro os lardos de toucinho: amassada uma quarta de farinha com um arrátel de manteiga de porco, e muito bem sovada, faça-se dela um bolo grande em que ponham a carne com folhas de louro por cima; fechem a empada a modo de meia-lua, coza-se muito devagar: come-se fria esta empada e anda toda a semana na mesa.

Deste modo se fazem com coelho, lebre, veado e javali; em lugar do louro lhe deitem salva, tomilho e manjerona.

11
Empadas de javali

Uma perna de javali, depois de cozida em água e sal, coza-se em vinho com salva e manjerona; como estiver cozida, lardeie-se com lardos de toucinho, salpimentando-se muito bem; logo amassando-se meio alqueire de farinha de centeio ou de trigo, com manteiga de porco, faça-se um bolo grande em que caiba a perna inteira e, deitando-lhe tomilho e manjerona, feche-se a empada, ponha-se no forno a cozer devagar e mande-se à mesa.

Deste modo se fazem empadas de vitela, porco manso, lombos, veado, corço, gamo e cerva.

12
Empadas romanas

Faça-se um pastelão de meio alqueire de farinha amassada em água e sal, cobrindo-o por cima como empada; como estiver feita, assopre-se por um buraquinho, para que fique bem cheia de vento; depois de muito bem cozida, abram-lhe no fundo um buraco redondo, por onde lhe metam duas ou três dúzias de pássaros vivos e, tapando o buraco com a mesma massa, mande-se à mesa.

Também se faz de pombos ou coelhos vivos.

13
Empadas de pés de porco

Depois de muito bem cozidos os pés de porco, tirados os ossos, e, se os quiserem doces, passados por açúcar em ponto, tempere-se com espécies e, depois de frios, meta-se cada pé um sua empadinha; partida pelo meio, mande-se à mesa.

Também se fazem de lombo de porco com torresmos de presunto salpimentados.

ARTE
DE
COZINHA

SEGUNDA PARTE

*Modo de cozinhar vários guisados
de peixe, mariscos, ervas,
frutas, ovos, laticínios, conserva
e toda a sorte de doces.*

CAPÍTULO I

De peixes

Como ninguém tem necessidade dos preceitos da arte para o modo de cozinhar peixes ordinários e conhecidos, supondo que todos sabem por comum uso cozer, frigir ou assar um peixe, nos não dilatamos nesta matéria tão vulgar; por isso principiamos logo a dar notícia nesta segunda parte de alguns peixes mais particulares. Se nos parece digno de advertência, dizemos o tempo em que os peixes são melhores e mais salutíferos; porque os linguados do rio, azevias, rodovalhos, cabras e pescadas são sempre bons em todo o ano, e as lampreias no tempo que as há. Porém, sáveis, gorazes, cachuchos, robalos, bogas e tamboril, em janeiro, fevereiro e março; congros, sargos, abróteas e eirós, em todo o tempo de janeiro a setembro; sibas e cações, de fevereiro até o fim de maio; pargo, douradas, fanecas, só em março e junho; chernes, tainhas e carapaus, em junho e agosto; salmonetes, besugos e choupas, em agosto, setembro e outubro; sardinhas e arraia em novembro e dezembro. Isto suposto, tratamos em primeiro lugar dos peixes e do seu recheio para tudo o que quiserem.

PRIMEIRO PRATO
Peixe frito em manteiga

Tomarão em uma tigela uma pequena de manteiga e a porão a derreter em pouco lume e, derretida, se lhe vá tirando a escuma, e ficará o sal no fundo; então se deite a dita manteiga em uma frigideira onde se há de frigir o peixe, e preparado este se vá frigindo tudo o que quiserem: depois de frito se lhe faça o molho, pondo-se uma tigela nova, e se irá mexendo com uma colher, para que se não corte a dita manteiga; e lhe deitem duas ou três gemas de ovos, conforme a quantidade do peixe, sumo de limão, e se deite tudo em cima do peixe, e com seus ramos de salsa e rodas de limão por cima se mande à mesa.

Este molho se faz também para peixe cozido.

Recheio de peixe

Picadas duas postas de pescada sem pele, nem espinha, ponham-se a frigir duas cebolas picadas com salsa e deitem-se na mesma frigideira dois ovos batidos com cheiros, mexendo-se tudo até se coalharem os ovos: logo misture-se tudo isto com a pescada, que está no cepo picada, e picando-a outra vez com mais três ovos crus e cinco réis de pão ralado, tempere-se com todos os adubos, sal, vinagre e limão; como estiver temperado este picado, se pode rechear com ele qualquer peixe que quiserem.

Com este picado se podem rechear ovos, berinjelas, cebolas, chicórias, alfaces, couves, nabos, alcachofras.

Também dele se fazem capelas, almôndegas, trouxas e tudo o mais que quiserem, acrescentando ou diminuindo conforme for a quantidade.

Caril para qualquer peixe

Afogadas duas cebolas bem picadas em uma quarta de manteiga de vaca, deitem-lhe uns poucos de camarões, ou amêijoas, com o leite de uma quarta de amêndoas e, cozendo-se tudo até que fique um tanto grosso, tempere-se de adubos. Feito isto, coza-se meio arrátel de arroz em água e sal, ponha-se no prato e, sobre ele, algumas postas de peixe que quiserem, cozidas em água, e deite-se por cima o caril.

Deste modo se faz também caril para carne, mas não leva marisco.

Conserva de peixe

Ponham-se em conserva de vinho, vinagre, alhos, oréganos e sal duas postas de peixe que quiserem, espaço de duas horas. Tirado o peixe da conserva, assado e posto no prato, façam-lhe um molho de uma pouca de conserva em que esteve, com um golpe de azeite, e deitando-o por cima do peixe mande-se à mesa.

Esta conserva serve para todos os peixes.

5
Escabeche

Ferva-se em uma tigela um pouco de vinagre destemperado com água, um pouco de azeite, sal e folhas de louro, sumo de limão e de lima e gengibre pisado com as mais espécies pretas. Como isto estiver fervido, tempere-se do que lhe for necessário, provando-a, para que não fique forte o escabeche. E sempre se fará a quantidade conforme for a do peixe para que houver de servir.

6
Peixe mourisco

Metam-se em uma panela duas postas de qualquer peixe, com meio arrátel de manteiga, um quartilho de vinho branco, duas cabeças de alho e todos os adubos inteiros: tapada a panela e barrada por fora com massa, para que não saia o bafo, ponha-se a cozer em lume brando: como estiver cozida, deite-se o peixe sobre fatias e, com limão por cima, mande-se à mesa.

Deste modo se fazem também linguados.

7
Siba em gigote

Depois de cozida uma siba, piquem-na e ponham-na a ferver em uma frigideira com azeite, vinagre e pimenta; logo que acabar de ferver, mandem-na à mesa.

Este gigote serve para todo peixe.

8
Lampreia assada

Lavada e limada uma lampreia em água quente, tirem-se os dentes, o fel e as guelras que estão com ele e dêem-lhe um golpe no meio das guelras e outro no umbigo, para que tirando-se a tripa não suje a lampreia por dentro: tirada a tripa, ponha-se a lampreia sobre uma frigideira para nela escorrer o sangue: logo assando-a no espeto, tomem-lhe o pingo na mesma frigideira; depois de assada a lampreia, tempere-se o molho de frigideira com um golpe de vinho, sumo de uma laranja, noz-moscada e todos os adubos, e mande-se à mesa apartado da lampreia.

9
Lampreia cozida

Limpa e concertada uma lampreia (como acima dissemos), ponha-se em uma frigideira um golpe de vinho, outro de azeite, vinagre e sumo de duas laranjas azedas; esteja neste molho enquanto afogam meia dúzia de alhos-porós com um golpe de azeite; estando meio afogados, metam-lhe dentro a lampreia inteira e, cobrindo-a de água, ponha-se a cozer; como estiver quase cozida, deitem-lhe o molho em que esteve com pimenta, cravo, noz-moscada; depois de cozida, mande-se à mesa sobre fatias.

10
Lampreia em conserva

Depois de limpa uma ou muitas lampreias, na forma que temos dito, mandem-na assar no forno em uma frigideira com o sangue, um golpe de azeite, pimenta e sal por cima: como estiverem assadas, tirem-nas do molho, e este mesmo molho ponham-se a ferver com meio quartilho de azeite, meio quartilho de vinho branco, um pouco de vinagre que não faça a calda muito forte, e estando fervendo temperem-no com pimenta, noz-moscada e três ou quatro folhas de louro seco, e ponham-no a esfriar; metam-se as lampreias em um barril e deitem-lhe por cima o molho frio e, cobrindo-as bem do molho, tapem o barril.

11
Empada de lampreia

Limada e concertada a lampreia, ponham-na em uma frigideira cova para escorrer o sangue, golpeando-a com cinco ou seis golpes para que se possa enroscar, e temperem-se com um copo de vinho e meio copo de vinagre, laranja, sal, pimenta, cravo, noz-moscada: faça-se logo a caixa de massa bem dura e, metendo-lhe dentro a lampreia com molho, ponha-se a cozer; começando a ferver, tirem-lhe o molho por um buraco oculto, e como se acabar de cozer mandem-na à mesa, e o molho em uma tigela.

Deste modo se fazem empadas de trutas e salmão fresco.

12
Salmão fresco

Depois de limpo o salmão, faça-se uma calda de duas partes de vinagre, uma de vinho e outra de água, um molho grande de salsa e bem pimenta pisada, e ponha-se a cozer: como ferver, metam-lhe o salmão e, estando cozido, tire-se fora e coma-se frio. Nesta mesma forma anda na mesa todo o tempo que dura.

Deste modo se cozem trutas.

13
Solho em conserva

Depois que estiver o solho em conserva de vinho, vinagre e alhos (mais vinho que vinagre), ponha-se a assar e, depois de assado, a esfriar: ferve-se logo a metade da calda em que estiver, com outro tanto azeite, todos os adubos pretos e umas folhas de louro secas: como tiver fervido, tempere-se do que lhe for necessário e ponha-se a esfriar. Nesta conserva se mete o solho frio e é para ir comendo logo. Porém, se se houver de guardar, ou mandar para fora, deitem-lhe menos vinagre.

Esta mesma conserva serve para salmão fresco, atum e agulha.

Também serve para qualquer caça meio assada.

14
Empadas de solho

Ponha-se a cozer uma posta de solho de dois arráteis com um quartilho de vinho, um quartilho de vinagre, outro de água, uma cabeça de alho pisado, um ramo de orégano, duas folhas de louro, sal e pimenta, e como estiver meio cozida deitem-lhe um golpe de azeite: depois de cozida, ponha-se a esfriar em uma frigideira, na qual deitem uma pequena de calda em que se cozeu, temperando-se com todos os adubos, sumo de limão e um golpe de bom azeite ou uma pouca de manteiga. Faça-se a caixa de uma oitava de farinha e, metendo-lhe o solho dentro com o molho, coza-se em lume brando e mande-se à mesa.

15
Empadas de atum

Duas postas de atum fresco depois que estiverem duas horas em conserva de vinho, vinagre e alhos, ponha-se a assar no forno em uma frigideira com uma pequena da calda em que esteve e um golpe de azeite; como estiver meio cozido, tempere-se de todos os adubos pretos e sumo de limão; faça-se a caixa de uma oitava de farinha, metendo-lhe atum com o molho dentro, ponha-se a cozer, mandem-na à mesa.

Deste modo se faz agulha.

Adubos pretos e cravo, canela e pimenta.

16
Peixe inteiro assado, cozido e frito

Assinale-se um peixe em três partes, dando-lhe dois golpes, ficando a cabeça sendo uma parte, o meio outra e o cabo outra; peguem-lhe pela cabeça e pelo cabo, frijam-lhe o meio e, virando-o na mesma forma, frijam-no da outra banda; depois de frito o meio, assem-lhe o cabo em uma grelha de uma e outra banda; como estiver assado, embrulhem a parte fria e assada em papel e, pegando-lhe com as mãos, cozam-lhe a cabeça em um tacho de água fervendo. Feito tudo isto, ponha-se o peixe em um prato sobre uma empada sem tampa e façam-se dentro três caixinhas, para que em uma se ponha molho quente para assado e, em outra, molho frio para cozido, em outra escabeche para frito. Como estiver feito, mande-se à mesa.

17
Empadas de salmonetes

Deitem-se os salmonetes em um molho de azeite e vinagre com todos os adubos pisados, espaço de duas horas. Amassando entretanto a massa, façam-se as empadas do tamanho dos salmonetes, com pimenta por baixo e por cima, e depois de cozidas mandem-se à mesa.

Desta mesma sorte se fazem todas as empadas de peixe comuns.

18
Pratinhos de salmonetes

Depois de assados os salmonetes, faça-se uma potagem, frigindo em manteiga uma pequena de cebola picada, salsa e alcaparras: como estiver frita, deitem-lhe por cima uma pequena de mostarda feita e, dando-lhe mais duas voltas na sertã, cubram os salmonetes com esta potagem por cima e mande-se à mesa.

Desta sorte se fazem pratinhos de trutas, bogas, azevias ou outro qualquer peixe miúdo.

19
Pratinhos de lampreia

Ponha-se a assar uma lampreia, tomando-lhe o pingo; depois de assada, corte-se em talhadinhas muito delgadas, deitem-lhe por cima o pingo com pimenta e laranja e mandem-se à mesa.

Também se fazem pratinhos de lampreia de escabeche, guarnecendo-os de alcaparras e lampreia cozida.

20
Pratinhos de azevias

Fritas as azevias albardadas com polme de farinha e ovos, ponham-se no pratinho com um molhinho de escabeche e mande-se à mesa.

Deste modo se fazem pratinhos de qualquer peixe miúdo.

Também se fazem de azevias assadas com molho de azeite, vinagre e alcaparras.

21
Torta de peixe

Pique-se uma pequena de salsa e cebola muito bem e ponha-se a afogar; depois que estiver afogada, piquem-se muito bem duas postas de qualquer peixe e ponha-se a afogar nos mesmos cheiros com seu vinagre; como estiver cozido, tempere-se com todos os adubos, deitem-lhe camarões, ou amêijoas, ou mexilhões, coalhe-se com quatro gemas de ovos e ponha-se a esfriar; faça-se a massa da maneira que quiserem; feita e cozida a torta, mande-se à mesa.

22
Trutas do rio como se fazem, sua calda ou conserva

Lavadas as trutas muito bem em água, que não levem alguma areia, as abrirão muito pouco, somente para lhe tirarem as guelras e alguma tripinha, e depois terão em uma tigela, ou tacho, um pouco de vinagre, água, salsa, e temperado com sal, tudo a ferver; e estando fervendo, se lhe deitarão dentro as trutas que tomem somente uma fervura, e tomada se tiram e se porão em um prato, ou onde houverem de ficar, e frio. A sua calda ou conserva se fará assim: tomarão uma parte de vinagre, sendo forte, e duas de água, e sendo o vinagre brando, sejam partes iguais, em quantidade que baste para ficarem cobertas as trutas, e esta água e vinagre, com uma pequena de salsa, se porá a cozer tudo, temperando-se com sal, e depois de ferver muito bem, se afastará do lume e porá a esfriar, e depois de frio se deitará sobre as trutas para que estejam frescas, e advirta-se que fiquem bem cobertas desta calda.

CAPÍTULO II
Do marisco

Todas as coisas têm seus próprios tempos, nos quais a curiosidade e experiência descobriram melhores efeitos; estes mesmos se acham no marisco, porque qualquer marisco fora de seu tempo é menos saboroso e mais danoso: esta é a razão por que as santolas, sapateiras e amêijoas são melhores no inverno. As lagostas, camarões, ostras e berbigões, no verão, e os mexilhões e caramujos, no outono: porém devem ser escolhidos desde a lua nova até a lua cheia, porque então são mais cheios e saborosos. Advirto que todas as vezes que digo adubos pretos é cravo, pimenta e canela.

PRIMEIRO PRATO
Mexilhões com achar

Ponha-se a ferver um pouco de vinagre forte e, como ferver, deitem-lhe canela inteira e pimenta, vinagre, mostarda e noz-moscada, tudo mal pisado; depois de temperado o vinagre com estes adubos, passem por eles os mexilhões, os quais, depois de passados, irão pondo em camas em um boião, ou quartinho, e em cada cama deitem uns pós dos ditos adubos. Como estiver cheio o boião, deitem-lhe o vinagre fervendo e, se não bastar para cobrir os mexilhões, deitem-lhe vinagre frio e, por cima, sal e azeite que faça laço para se não corromperem.

Com esta conserva se fazem marmelos, cebolas, couves-murcianas e berinjelas.

Também se fazem pepinos e cenouras, mas hão de estar primeiro três dias em salmouras, e tirando-se dela lavam-se em vinagre.

2
Tortas de mexilhões

Pique-se muito bem uma pequena de salsa e cebola e ponha-se a afogar; depois de afogada, deite-lhe os mexilhões com seu vinagre e, como ferverem, tempere-se com ovos e ponha-se a esfriar; feita a torta e cozida, mande-se à mesa.

3
Pratinhos de mexilhões

Albardados os mexilhões de Aveiro (ou quaisquer outros) e fritos em manteiga, passem-nos por molho de vinagre, alho, pimenta, laranja e manteiga, e mandem-nos à mesa.

O mesmo se faz de ostras, amêijoas e longueirões.

4
Berbigões de tigelada

Lavados muito bem os berbigões da areia, ponham-se a abrir em um tacho; como estiverem abertos, lavem-se outra vez em água limpa, enxuguem-se em um pano lavado, enfarinhando-os com uns pós de farinha, mandem-se ao forno em uma tigela com azeite, vinagre, alhos e sumo de limão. Depois de cozidos, mandem-se à mesa na mesma tigela.

Deste mesmo modo se faz tigelada de mexilhões.

5
Pastéis de berbigões

Depois de escascados os berbigões e afogados com salsa e cebola, temperem-se com quatro gemas de ovos (como quem faz picado de peixe), façam-se os pastéis de folhado do tamanho que quiserem e mandem-se à mesa quentes.

Deste modo se fazem pastéis de camarões, amêijoas ou mexilhões.

CAPÍTULO III

De ervas

PRIMEIRO PRATO
Cardos cozidos

Limpos e preparados os cardos, cozam-se em água, depois de cozidos ponham-se a afogar uma pouca de cebola picada com cheiro em uma quarta de manteiga de vaca; como estiver afogada, deitem-lhe dentro os cardos cozidos, temperando-os com sal, meia canada de leite feito de meio arrátel de amêndoas e todos os adubos: coalhe-se com seis gemas de ovos batidos e mande-se à mesa sobre fatias com sumo de limão por cima.

2
Cardos à italiana

Ponham-se a cozer em água e sal, limpando-os primeiro muito bem e cortando-os do tamanho de um dedo, meia dúzia de cardos; depois de cozidos, afogue-se uma pouca de cebola picada em meio arrátel de manteiga: como estiver afogada, deitem-lhe dentro os cardos; como se acabarem de cozer, temperem-se com adubos pretos e mandem-se à mesa com bem sumo de laranja por cima.

3
Cardos de Fernão de Souza

Depois de cozidos os cardos em água muito bem picados, afoguem-se com cheiros e manteiga, temperando-os com todos os adubos, e coalhem-se com gemas de ovos (como carneiro picado), deitem-se em uma frigideira, e com ovos batidos por cima ponham-se a corar e mande-se à mesa.

4
Trouxas de cardo

Picados e afogados os cardos (como acima dissemos), frija-se em um ovo batido à maneira de uma filhós espalmada, ponha-se nesta filhós o cardo picado e, dobrando-a, ponha-se no prato, deste modo vão-se fazendo as trouxas até encherem o prato.

Também se fazem de qualquer peixe picado ou marisco.

Do mesmo cardo picado se fazem também pastéis.

5
Berinjelas recheadas

Limpas e cozidas em metades as berinjelas, tirem-lhe os miolos, pique-se logo estes miolos com parte de berinjelas, cheiros afogados em manteiga de vaca, pão ralado, ovos, queijo de Alentejo: recheiem-se as berinjelas com este picado, ponha-se em um prato covo, ou frigideira, sobre fatias já molhadas com um caldo grosso, feito de duas gemas de ovos desfeitas em um pequenino de caldo em que se afogarão cheiros; coza-se em lume brando por baixo e por cima, deitando-lhe primeiro o caldo que ficou no afogado, e com canela por cima e queijo ralado mande-se à mesa.

6
Berinjelas recheadas de outro modo

Cozidas em metades as berinjelas, e espremidas, tirem-lhe todo o miolo de dentro a umas poucas e piquem outras: estas depois de picadas misture-se com uma pouca de cebola, que há de estar ao lume já frita em manteiga e azeite; deitem-lhe hortelã e ovos crus e no mesmo lume se cozam, mexendo-se até que fiquem bem secas: ponham-se no tabuleiro, ou cepo, piquem-se com ovos, pão ralado e queijo, e temperem-se com açúcar, canela e todos os adubos; recheiem-se as berinjelas com este picado, albardem-se com ovos, frijam-se, com canela e açúcar, mande-se à mesa.

Este mesmo recheio serve para dia de carne, deitando-lhe carneiro picado ou bofes de carneiro.

7
Berinjelas de tigelada

Cozidas as berinjelas em quartos e escaldadas por dentro, abafem-nas um pouco, cozam-se em água e sal, e depois de espremidas e enfarinhadas com farinha, ponham-se em uma frigideira (não indo umas sobre outras), deitem-lhe por cima manteiga derretida que as unte todas e um molho de vinagre destemperado com mel, quanto baste para o fazer doce, e cravo pisado: cozam-se no forno e mande-se à mesa com canela por cima.

8
Alcachofras

Limpas as alcachofras, tirem-lhe o talo de dentro e, depois de muito bem cozidas, recheiem-nas por dentro, e entre folha e folha, de maneira que fiquem como um pastel, com o recheio que quiserem; ponha-se em uma frigideira untada de manteiga com gemas de ovos por baixo e por cima e uma gota de caldo: cozam-se devagar em lume brando por baixo e por cima, coalhe-se com gemas de ovos e mande-se à mesa sobre fatias com canela por cima.

9
Pratinho de alcachofras

Escaldadas as alcachofras e cortadas as pontas e pés delas, afoguem-se em manteiga com cheiros, vinagre e todos os adubos; coalhem-se de gemas de ovos e mande-se à mesa com canela e limão por cima.

Deste modo se fazem cardos e aspargos.

10
Torta de aspargos

Cozidos os aspargos com três águas, afoguem-se em cheiros que hão de estar já ao lume afogados; depois de cozidos e temperados com todos os adubos e bem limão, coalhem-se com seis gemas de ovos e, fique a calda grossa, ponham-se a esfriar: faça-se a torta de massa muito bem sovada com manteiga, açúcar, ovos e vinho branco: como estiver feita com aspargos dentro, coza-se e mande-se à mesa.

Também se faz prato de aspargos afogados, como acima dissemos.

Do mesmo modo se fazem tortas de abóbora branca, nabos, talos de alface e de alcachofras.

11
Cenouras de potagem

Depois de cozidas as cenouras, façam-se em quartos e afoguem-se em manteiga de vaca com azeite e cebola: como estiverem afogadas, ponham-se a cozer em uma panela em água quente, tempere-se com sal, vinagre ou limão, todos os adubos, mel ou açúcar, farinha frita bem torrada e um pequeno de caldo em que se cozerão; depois de cozidas mande-se à mesa.

Também se lhe deitam ovos estrelados duros, se quiserem.

12
Cenouras de tigelada

Cozidas as cenouras, depois feitas em quartos e passados por polme de farinha, ponham-se a frigir, vão-nas encamando em uma frigideira e deitem-lhe por cima uma potagem, que se fará afogando em manteiga de vaca um pouco de perrexil, coentro, salsa, cebola e hortelã, temperando-se com vinagre, canela, todos os adubos, mel ou açúcar, para que seja bem agra e doce; sobre esta potagem deitem-se seis ovos batidos; coza-se em lume brando por baixo e por cima, e corada mande-se à mesa.

CAPÍTULO IV

De laticínios e alguns pratos diversos

PRIMEIRO PRATO
Ovos estrelados

Tomem uma pequena de manteiga e, derretendo-a em uma frigideira e deitando-lhe os ovos dentro que se não esborrachem as gemas, e então com uma colher ir-lhe deitando as claras por cima das gemas até que se acabem de coalhar e, depois, deitar-lhe pimenta por cima e sumo de limão, e mandá-los à mesa.

2
Tigelada de queijo

Deite-se no fundo de uma frigideira uma pequena de manteiga de vaca cozida e uma cama de talhadinhas de queijo flamengo (o qual, se for salgado, lhe tirarão o sal, deitando-o de molho em água); sobre o queijo ponha-se outra cama de pão ralado com uns bocadinhos de queijo e de manteiga e uma colher de ovos batidos por cima: encha-se a frigideira destas camas e, abrindo-as com uma faca pelo meio e pelas ilhargas, deitem-lhe açúcar clarificado e mandem-na ao forno.

3
Tigelada de leite

Depois de batida uma canada de leite com seis gemas de ovos, três quartas de açúcar, pão ralado, ou farinha, e uma pequena de água-de-flor, deite-se em uma frigideira, ponha-se a corar e, depois de corada, com canela por cima, mande-se à mesa.

4
Torrijas de nata

Bata-se uma pouca de nata com ovos e açúcar de maneira que fique o batido ralo, deite-se em uma torteira baixinha untada de manteiga, não tendo mais altura que a de um dedo, coalhe-se ao fogo com pouco lume por baixo e por cima, e ponha-se a esfriar: como estiver frio, deite-lhe três golpes ao comprido e três atravessados, de modo que fiquem as torrijas quadradas, albardando-as com ovos batidos e claras, frijam-nas em boa manteiga e passem-nas por açúcar em ponto: ponham-se sobre fatias de pão-de-ló e, com canela por cima, mandem-se à mesa quentes.

Também se faz de pão ralado ou farinha.

Do mesmo modo se fazem torrijas de requeijão.

5
Torta de nata

Deitem-se em um tacho seis tigelas de nata, uma dúzia de gemas de ovos, meio arrátel de pão-de-ló ralado, ou cinco réis de pão ralado, e um arrátel de açúcar em ponto: depois que tudo isto tiver muito bem batido, ponha-se a ferver e, como estiver grosso, ponha-se a esfriar: faça-se a torta de folhado francês, metam-lhe a nata, coza-se e mande-se à mesa.

Do mesmo modo se fazem de requeijões e de leite, mas o leite leva mais ovos.

Também se fazem tortilhas, almojávenas e pasteizinhos pequenos em forma de meia-lua.

Também se recheiam pães de dez réis, tirando-lhes o miolo e em lugar metendo-lhes natas, e mandam-se corados à mesa.

6
Almojávenas de requeijão

Bata-se em um tacho um requeijão com seis gemas de ovos, meio arrátel de pão-de-ló ralado, meio arrátel de açúcar, uma quarta de manteiga de vaca e água-de-flor; deite-se este batido em uma torteira: coza-se nela, façam-se as almojávenas e, passadas por açúcar com canela por cima, mande-se à mesa.

7
Arroz-doce

Entese-se em água um arrátel de arroz e depois coza-se com uma canada de leite e um arrátel de açúcar e água-de-flor; como estiver cozido, mande-se à mesa com canela por cima.

8
Torta de arroz

Entesado um arrátel de arroz em meia canada de água, coza-se em um arrátel de açúcar em ponto; coalhe-se com seis gemas de ovos, deitem-lhe água-de-flor e canela, e ponha-se a esfriar; faça-se a torta de folhado, coza-se e mande-se à mesa. E se for leite, é melhor.

9
Melícias

Cozam-se em um tacho meio arrátel de amêndoas pisadas com um arrátel de açúcar em ponto, cinco réis de pão ralado, um pequeno de mel branco, almíscar, canela e cravo-da-índia, e meio arrátel de manteiga de vaca; como isto estiver duro, façam-se as melícias em tripa de porco e, passando-as por água quente, ponham-se a enxugar em uma cana; come-se em dia de peixe, assando-as em uma frigideirinha.

10
Morcelas

Deite-se em um alguidar arrátel e meio de pão de centeio, ou de rala, e passado por uma peneira rala, com arrátel e meio de manteiga de vaca frita, e mexendo-se primeiro muito bem com uma colher abafem-no um pouco; deitem-lhe logo um arrátel de amêndoas bem pisadas e, misturando tudo, ponha-se a cozer com dois arráteis e meio de açúcar clarificado, dúzia e meia de ovos batidos com meias claras, sete oitavas de cravo peneirado, pimenta pouca e dois dedos de sal cozido: tirando isto do lume, deitem-lhe por cima uma oitava de canela peneirada, façam-se as morcelas em tripa de porco direita, e não sejam cheias, e ponham-se a enxugar em uma cana em parte que lhe não dê fumo.

11
Cuscuz como se faz

Tomem uma quarta de farinha-da-terra peneirada pela peneira branca e rala, botem-na no alguidar da massa, se vá borrifando com limitada água e torcendo-se nas mãos com muita força só para uma banda, de sorte que fique em grãos; e como estiver toda a farinha feita desta forma, se deitará em uma joeira e se joeirará, e o que ficar de cima são os cuscuzes, e o que for abaixo se tornará a borrifar com o mesmo borrifador fino, ou com um ramo de murta, ou de outra qualquer coisa limpa, que não amargue, e na água com que se borrifar a farinha se há de ter delido um bocado de fermento, e acabada esta farinha da forma dita, se botarão os cuscuzes dentro de um cuscuzeiro forrado muito bem de papéis por dentro, e se porá ao fogo uma panela de ferro ou de barro em uma trempe com água, e fervendo bem se porá o cuscuzeiro em cima da boca da panela; e como estiver cozido o cuscuz, que é sabendo a pão cozido, então se tire para fora e torne a ir ao alguidar a desfazer-se também grande força só para uma banda, e estando desfeita se porão ao sol a secar e durar. E desta forma se faz cuscuz.

Quando se houver de comer, se faz o caldo à parte em uma tigela como quiserem, ou de carne, ou doce, como se faz para aletria; feito o dito caldo, e fervido, se tira do lume e, por cima, se lhe deitam os cuscuzes e se deixa enxugar, e assim feito se põem nos pratos com canela por cima e se manda à mesa.

Assim se faz o caldo para aletria.

CAPÍTULO V

De pastéis e tortas doces

PRIMEIRO PRATO
Pasteizinhos de boca de dama

Amassem uma oitava de farinha com meio arrátel de açúcar e três gemas de ovos; depois de bem sovada e dura, façam-se os pasteizinhos do tamanho de dois tostões e de altura de dois dedos, e ponham-se a cozer vazios; como estiverem meio cozidos, encham-se de manjar-real e corem-se com a tampa de brasas, ou mande-se ao forno e, corados, mande-se à mesa.

2
Pastéis de cidrão

Pisem-se no gral muito bem duas talhadas de cidrão e ponham-se a cozer com uma dúzia de gemas de ovos em um arrátel de açúcar em ponto, água-de-flor e almíscar; depois de bem cozido, feitas as caixinhas de massa tenra, do tamanho de um cruzado, e cozidas vazias, encham-nas com o polme do cidrão e ponham-se a cozer com açúcar de pastilhas por cima em lugar de tampa.

3
Pasteizinhos de manjar-branco

Bata-se uma dúzia de pelas de manjar-branco com seis gemas de ovos e água-de-flor; como estiver bem batido, façam-se as caixinhas (como acima dissemos) cobertas com açúcar de pastilhas por cima e, coradas, mandem-se à mesa.

Também se fazem de massa fria da feição de meia-lua.

Do mesmo modo se fazem de manjar-real ou de nata cozida.

4
Pasteizinhos de ovos moles

Deitem-se quinze gemas de ovos em um arrátel de açúcar em ponto alto e mexam-se muito bem até ficarem bem grossos: façam-se logo as caixinhas de massa tenra, do tamanho de um cruzado, encham-se dos ovos, cozam-se e, passados por açúcar em ponto, mande-se à mesa.

5
Torta de ginjas

Tirem-se os pés a dois arráteis de ginjas, passem-nas por água quente e, tirando-lhes os caroços, ponham-se a cozer em dois arráteis de açúcar em ponto com canela e cravo-da-índia, e como estiverem bem grossas ponham-se a esfriar: faça-se folhado francês, amassando uma oitava de farinha, e depois de muito bem sovada estende-se esta massa na tábua muito bem estendida: ponham-lhe por cima um arrátel de manteiga de vaca, vão virando a massa que não apareça a manteiga e façam-lhe o mesmo mais duas vezes, estendendo-a com o pau de massa: faça-se a torta, metam-lhe as ginjas e, untando-a, mandem-na ao forno.

Do mesmo modo se fazem pastéis de caixas descobertas.

6
Torta de agraço

Depois de escaldados em água fervente dois arráteis de bagos de agraço, passem-se por água fria e ponham-se a ferver em dois arráteis de açúcar em ponto de espadana, com canela, cravo, cinco réis de pão ralado para engrossar, âmbar e almíscar: ponha-se a esfriar enquanto se faz a torta de folhado francês e, depois de cozida, mande-se à mesa.

7
Torta de limões

Ponha-se a cozer em duas águas fervendo uma dúzia de limões em talhadas delgadas com toda a grainha fora, até que não amarguem: logo acabem-se de cozer em arrátel e meio de açúcar em ponto; como estiver a calda grossa, ponha-se a esfriar; depois que a torta estiver feita de folhado, metam-lha dentro, ponham-lhe uma cama de talhadas de cidrão por cima, fechem-na e, depois de cozida, mandem-na à mesa com açúcar por cima.

8
Torta de marmelos

Depois de escaldados dois arráteis de marmelos em quartos, ponham-se a cozer em arrátel e meio de açúcar com cravo e canela, e como estiver a calda grossa ponham-se a esfriar; façam-se ovos-reais de uma dúzia de gemas de ovos em um arrátel de açúcar e ponham-se a esfriar: metam-se os marmelos na torta com a sua calda, canela e ovos por cima, fechem-na e, depois de cozida, mandem-na à mesa.

Deste modo se fazem tortas de camoesas e de qualquer outra fruta.

9
Torta de manjar-real

Batam-se seis tigelinhas de manjar-real com meia dúzia de gemas de ovos e água-de-flor; como estiver muito batido, faça-se a torta de folhado francês, metam-lhe dentro o manjar-real e, depois de cozida, mandem-na à mesa.

Da mesma sorte se faz torta de manjar-branco.

CAPÍTULO VI
De manjar-real e manjar-branco

PRIMEIRO PRATO
Manjar-real

Deite-se em um tacho um peito de galinha meio cozido e desfiado e desfaça-se muito bem delindo-o no mesmo tacho com a colher; misture-se com o miolo de um vintém de pão ralado, uma quarta de amêndoas bem pisadas e dois arráteis e meio de açúcar em ponto de espadana; depois de batido tudo isto, ponha-se a cozer em lume brando, até que engrosse; como estiver grosso, deite-se nos pratos e mande-se à mesa.

2
Manjar-branco

Depois que um peito de galinha estiver meio cozido, desfiado e desfeito em um tacho com a colher, deitem-lhe duas canadas de leite, dois arráteis de açúcar e arrátel e quarta de farinha de arroz, mexendo-se ao cozer; enquanto se vai cozendo, deitem-lhe pouco a pouco meia canada de leite, para se refrescar, e um arrátel de açúcar; como estiver cozido (que se pode conhecer se, metendo-lhe a ponta de uma faca, despegar liso), deitem-lhe água-de-flor, tire-se do lume e corte-se em pelas.

Do mesmo modo se faz de peixe ou de lagosta em lugar de galinha.

3
Manjar-branco amarelo

Logo que estiver mais de meio cozido um peito de galinha desfiado e desfeito com a colher em um tacho, com canada e meia de leite, dois arráteis de açúcar e um arrátel de arroz, ponha-se a cozer; enquanto se for cozendo, deitem-lhe pouco a pouco meia canada de leite; como estiver quase cozido, deitem-lhe ovos-moles, quantidade de uma dúzia de gemas, e, depois de cozidos, água-de-flor: tire-se do lume e deite-se nos pratos.

4
Manjar-branco banhado

Desfiado um peito de galinha meio cozido, ponha-se a cozer em um tacho com canada e meia de leite e arrátel e meio de farinha de arroz; enquanto se for cozendo, vão-se-lhe deitando três arráteis de açúcar em pedra pouco a pouco e lasca a lasca: como estiver cozido, deite-se em uma bacia, faça-se em bolinhas de feitio de ameixas saragoçanas, ponham-se a corar no forno e cubram-se de açúcar.

5
Manjar-branco de pêros

Ponham-se a cozer em meia canada de leite meia dúzia de pêros grandes, ou uma dúzia dos pequenos, limpos, aparados e sem pevide; depois que estiverem meio cozidos, deitem-nos em um tacho, desfaçam-nos com a colher e, deitando-lhe duas canadas de leite, dois arráteis de açúcar e um arrátel de farinha de arroz, ponha-se a cozer; enquanto se for cozendo, refresque-se com meia canada de leite, deitando-lho pouco a pouco; como estiver cozido, deitem-lhe água-de-flor, tirem-no do lume e ponham-no nos pratos.

6
Manjar-branco assado

Depois que estiver batido muito bem um pouco de manjar-branco com um ou dois ovos (conforme for a quantidade) e uns pós de farinha, vá-se deitando colher a colher em uma torteira, que há de estar sobre umas brasas, apartando cada montinho de manjar, afastando um do outro com farinha por baixo; corem-no com a tampa de brasas e, como estiver assado, ponha-se no prato com açúcar de pedra raspado por cima, e mande-se à mesa.

7
Fruta de manjar-branco

Botem-se em um tacho seis tigelas de manjar-branco, com doze gemas de ovos e um arrátel de açúcar em pó, dêem-lhe uma fervura para que engrosse e ponha-se a esfriar: amasse-se uma oitava de farinha com meio arrátel de manteiga, qua-tro gemas de ovos e uma quarta de açúcar; como estiver sovada, façam-se dois bolos e estendam-se na tábua de massa até que fiquem bem delgados, ponha-se sobre um deles o polme batido todo e estendido, cubra-se com o outro bolo e, cortando-se com a carretilha a modo de fartes, frijam-se em manteiga e, passa-dos por açúcar, mandem-se à mesa.

CAPÍTULO VII

Doces de massa

PRIMEIRO PRATO
Argolinhas de amêndoas

Tomarão um arrátel de açúcar e o porão em ponto de cabelo, e tanto que o estiver tirem o tacho do lume e se lhe deite um arrátel de amêndoas muito bem pisadas em um gral e uns pós de farinha que baste para se cozerem muito bem até
limparem bem o tacho, e vejam-se se podem tender as argolinhas e, tendidas,
ponham-se a esfriar e mandem-se ao forno; quando vierem, se cobrirão com
um arrátel de açúcar posto em ponto de fio baixo.

2
Empanadilhas de grãos

Tomarão um arrátel de açúcar e meio arrátel de amêndoas bem pisadas e grãos
na mesma forma, os que parecerem necessários; limpo e coado o açúcar, posto
em ponto de espadana, se tira o açúcar do lume e se lhe vai deitando uma man-
cheia de amêndoas, outra dos grãos, tudo desfeito até que fiquem todos os grãos
e amêndoas deitadas (os grãos se lhe quiserem deitar mais o farão), ficando a
espécie grossa como de fartes, e mexido tudo fora se torna a pôr ao lume mexendo-se sempre no fundo que se não pegue no tacho, e feito se tire o tacho do lume
e se deite a espécie em um prato a esfriar. Depois se toma a massa que quiserem,
feita com manteiga e açúcar, sovada e estendida, se lhe vai metendo a espécie
dentro, como quem faz fartes, e então se frijam em manteiga ou em azeite, como
quiserem, e se passam por açúcar em ponto. E se não a quiserem frigir, se mandam ao forno e depois se passam pelo açúcar em ponto e cobrem-se de canela.

3
Esquecidos

Tomarão oito ovos, dois com claras e seis com gemas somente, e os deitarão em cima de um arrátel de açúcar em pó, posto em um tacho, ou alguidarzinho, e baterão tudo muito bem até que fique alvo e grosso, e lhe irão deitando um arrátel de farinha-da-terra, sempre mexendo sem parar. E irão tirando aos bocadinhos rolando-a na mão, embrulhando-a em alguma coisa de farinha porque se não pegue, e se irão pondo nas bacias, que estarão untadas com manteiga, e se mandarão ao forno.

4
Fartes de espécies

Tomarão oito arráteis de açúcar em ponto de fio abaixo e lhe deitarão quatro arráteis de amêndoas muito bem pisadas e um arrátel de cidrão em bocadinhos delgados e pequenos, cravo, canela, erva-doce pouca, e ferver-se-á pouco e se tirará o tacho do lume e se lhe deitará uma quarta de pão ralado por medida, e o sinal de estar feita esta espécie é botar em cima da espécie uns pós de pão ralado e pôr-lhe em cima o dedo a ver se fica enxuto, e se deita em prato a esfriar; tome-se então a massa feita com manteiga e açúcar e se vão fazendo os fartes, e feitos se mandam ao forno.

5
Queijadinhas de amêndoas

Arrátel e quarta de açúcar posto em ponto de fio abaixo; como estiver neste ponto, lhe deitarão fora do lume um arrátel de amêndoas muito bem picadas, desfazendo-a com colher quando se vai deitando, e a tornem a pôr no lume enquanto ergue fervura, e lhe deitarão oito ovos, seis com gemas e dois com claras, tanto que ferver um bocadinho está feita, e lhe deitem canela por cima e se tire fora, e tomem a massa com manteiga e açúcar pouco e façam as queijadinhas, e depois da espécie estar fria se façam e mandem-se ao forno.

6
Cavacas

Tomem meio alqueire de farinha peneirada e, deitada no alguidar, lhe deitem à roda da farinha um arrátel de manteiga, que estará derretida no lume para se lhe tirar o sal dela, e desfarão a farinha nas mãos, e como estiver bem desfeita farão presa onde deitarão o sal que for necessário, desfeito em água-de-flor, e uma dúzia de ovos, e os baterão com a mão e irão apinhoando a farinha e amassando, botando alguns ovos a poucos e poucos, e amassando que não fique a massa tesa, senão branda e enxuta; cortem a massa em bocadinhos do tamanho que se hão de fazer as cavacas e se ponham em um pano, e quando as tenderem não as sovarão, senão com os dedos leves as estenderão nas bacias, e bem picadas; mandem-se ao forno e, como vierem, se passarão pelo açúcar posto em ponto de fio abaixo, batendo-se primeiro em um bocadinho o açúcar fora do lume, e se irão assim passando.

7
Fruta de seringa

Ponha-se a ferver em um tacho meia canada de leite; como ferver, deitem-lhe uma quarta de manteiga de vaca, uma quarta de açúcar e uma oitava de farinha, coza-se este polme mexendo-se até ficar bem duro, tire-se o tacho do lume e deitem-lhe uma dúzia de ovos de dois em dois, batendo-se muito bem o polme até que fique brando: vá-se frigindo em azeite, ou manteiga fervendo, deitando-se o polme com a seringa untada com manteiga, ou azeite, ou com uma colher, que fique como sonhos, e passados por açúcar em ponto com canela por cima mande-se à mesa.

Deste modo se fazem sonhos ou beilhós.

8
Biscoitos de la Reyna

Batam-se em um tacho, espaço de três horas, quinze ovos, tirando as claras a cinco, com um arrátel de açúcar de pedra em pó; como estiverem batidos, deitem-lhe um arrátel de farinha, mexendo até que se incorpore com eles: cortem-se sobre papel de comprimento de um palmo, de altura de um dedo, metam-se no forno com açúcar em pó por cima; como estiverem meio cozidos, tirem-se fora, despeguem-se do papel com uma faca e metam-se outra vez no forno a biscoitar.

9
Biscoito de ovos

Bata-se uma dúzia de ovos com claras e um arrátel de açúcar, um arrátel de farinha, uma pequena de erva-doce escolhida e água rosada; depois de batido muito bem este polme, deite-se com uma colher em bacias sobre obreias à porta do forno, com farinha por baixo das obreias; como estiverem meio cozidos, tirem-se fora, cortem-se com uma faca do tamanho que quiserem e, virando-os, acabem-se de cozer no forno.

10
Biscoitos de massa

Amassada uma quarta de farinha com meio arrátel de manteiga de vaca sem sal e meio arrátel de açúcar, meia dúzia de gemas de ovos, água morna com uma pedra de sal derretido nela, como estiver bem sovada, façam-se os biscoitinhos do tamanho de um dedo, ou argolinhas, e cozam-se em uma bacia.

11
Melindres

Batam-se dez gemas de ovos em um tacho com meio arrátel de açúcar em pó da ilha da Madeira; como este polme estiver grosso, façam-se os melindres, deitando-se com uma colher sobre papéis, e sejam do tamanho de pastilhas, cozam-se em fogo brando, para que se não chamusquem, e cozidos mande-se à mesa.

12
Bolos de açúcar

Deite-se em meio alqueire de farinha de Alentejo dois arráteis de açúcar da ilha da Madeira, um arrátel de manteiga, quatro gemas de ovos, um copinho de vinho branco, água almiscarada, fermento e sal, esfregue-se esta massa muito bem nas mãos, façam-se os bolinhos e, quando vierem do forno, borrifando-os com água-de-flor, abafem-nos muito bem.

13
Bolos de rodilhas

Tomada a massa com água e sal, manteiga pouca e uma gema de ovo, depois de muito bem sovada, estenda-se, deitando-lhe bem manteiga de porco, e enrolando-a no pau da massa bem untado vão-se cortando os bolos redondos e frigindo; abrindo-lhe o folhado com um pauzinho, deitem-se em cada bolo duas gemas de ovos batidas com manteiga bastante, abrindo-lhe sempre o folhado; recheiem-se com ovos-moles (se quiserem), depois de fritos passem-se por açúcar em ponto e, com canela por cima, mandem-se à mesa.

14
Bolos de ovos

Deitem-se duas ou três dúzias de gemas de ovos muito bem batidas em um tachinho alto, que há de estar ao lume com açúcar em ponto de espadana; como se forem coalhando, bula-se com o tachinho para que não peguem; estando já coalhado, escorram-lhe o açúcar, ponha-se a tomar cor no mesmo tacho, vire-se em um prato e ponha-se a corar da outra banda, deitando no tacho um pequeno de açúcar que se escorreu; depois de corado, arme-se no prato e mande-se à mesa com canela por cima.

15
Bolos de amêndoas

Batam-se muito bem quatro arráteis de amêndoas com quatro arráteis de açúcar em ponto de alambre, deitem-lhe duas claras de ovos e torne-se a bater; ponha-se no lume e, como o tacho mostrar o fundo, deitem-lhe oito gemas de ovos e uma boa colher de manteiga; depois que lhe derem um par de voltas, deitem-no onde quiserem, tendam-se com farinha os bolos, pondo-se em uma bacia afastados uns dos outros, mande-se a cozer; depois de cozidos passem-se por açúcar e mande-se à mesa com canela por cima.

16
Bolos de bacia

Amasse-se meia quarta de farinha com água fria, temperada de sal desfeito, duas gemas de ovos, pouca manteiga e água-de-flor; depois de muito bem sovada esta massa sobre o duro (como para folhado), corte-se em pelas e estendam-nas, fazendo folhas delgadas do tamanho da bacia, na qual, depois de muito bem untada com manteiga de vaca, ponha-se em uma folha e sobre ela um arrátel de amêndoas pisadas, feitas em massapão, em um arrátel de açúcar em ponto; cubra-se com outra folha e sobre ela deitem-se uma dúzia de pelas de manjar-branco, batido com seis gemas de ovos, e uma quarta de açúcar; cubra-se com outra folha untada de manteiga e, sobre ela, deitem-se uns poucos de ovos moles com canela por cima; cubra-se com outra folha untada e ponha-se sobre ela meia dúzia de gemas de ovos cozidos, um pequeno de limão à roda, meia dúzia de ovos-reais no meio: mande-se ao forno, e como estiver cozido corte-se (se quiserem) em talhadas do tamanho que quiserem, passe-se por açúcar em ponto e mande-se à mesa polvilhadas de canela.

Deste modo se fazem pães recheados.

17

Bolos podres

Para meio alqueire de farinha cuculada, tomarão quatro arráteis de açúcar e, limpo, posto em ponto de pastilha, deitem-lhe duas canadas de azeite e um arrátel de amêndoas muito bem pisadas e um vintém de cravo, erva-doce, canela e sal; como isto ferver muito bem, vá-se deitando o meio alqueire de farinha cuculada e, mexendo com uma colher, até estar bem cozida, e em o estando se bote em um alguidar e se vá mexendo até que se possa amassar, e em se amassando se lhe vá deitando fermento feito em bocadinhos, e sempre amassando; como estiverem amassados, se cubram até estarem lêvedos; então se irão fazendo os bolos, apertando-se bem as mãos, e pondo-se nas bacias se mande ao forno.

18

Massapães de ovos

Amassados muito bem dois arráteis de amêndoas bem pisadas, com dois arráteis de açúcar de pedra peneirado e água rosada, ponha-se a cozer em um tacho com duas dúzias de gemas de ovos, mexendo-se sempre para que se não peguem, até que a massa esteja dura: tire-se o tacho do lume e ponha-se a esfriar sobre uma vasilha de água, façam-se uns bolinhos não muito pequenos, ponham-se na bacia com farinha e canela, mandem-se cozer muito bem ao forno com canela por cima.

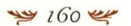 *160*

19
Pão-de-ló fofo

Tomarão um arrátel de açúcar limpo e se deitará em um tacho e lhe deitarão em cima do açúcar quinze ovos, e se baterá com batedor ou colher muito bem até que fique grosso, e tanto que estiver grosso se mandará saber ao forno se está preparado e então se lhe deitarão três quartas de farinha em pó pesada e se tornará a bater muito bem, que se não deixe assentar a farinha no fundo; e tanto que estiver bem batido, se deitará na bacia, ou no que houver de ir ao forno, batendo-lhe sempre no fundo até que entre no forno, para não assentar a farinha.

20
Pão-de-ló torrado

Posto um arrátel de açúcar limpo em um tacho, se lhe deitam em cima dez ovos e se baterá muito bem que fique grosso e se avisará ao forno se se pode deitar a farinha, que há de ser um arrátel pesado; e dizendo que sim se lhe deitará, batendo-se muito bem algum tempo que não assente a farinha, e se deita na bacia batendo-se sempre no fundo até entrar no forno; vindo dele, se faz em talhadas e torna na bacia ao forno para se torrar levemente e que se não queime.

21
Pão-de-ló de amêndoas

Deite-se um arrátel de amêndoas cortadas pelo meio, e outro arrátel mal pisadas, em dois arráteis e meio de açúcar em ponto de pedra; depois de lhe darem duas voltas no fogo, tire-se fora, bata-se muito bem até levantar, deite-se na pedra ou em uma bacia untada, bulindo com ela para que não perca o lustro, corte-se em talhadas e mande-se à mesa.

CAPÍTULO VIII

De doces de ovos

PRIMEIRO PRATO
Aletria de ovos

Logo que um arrátel de açúcar estiver em ponto alto, vão-lhe deitando uma dúzia de gemas de ovos batidos por uma casca de ovo, fazendo-lhe um buraquinho no fundo por onde corra o ovo com fio delgado, e enquanto se for deitando abane-se muito bem o fogareiro, para que o açúcar não afrouxe o ponto; depois de deitado todo o ovo, ponha-se aletria em um prato abrindo-a com um garfo, e com ovos moles, ou massapães no meio, mande-se à mesa.

Do mesmo modo se fazem ovos-reais, mas mais grossos.

2
Trouxas de ovos

Batam-se duas dúzias de gemas de ovos em uma bacia de fartes pequena, com dois arráteis de açúcar em ponto de espadana; como estiverem batidos, deitemnos em um tacho e ponham-nos no fogo a ferver; como estiverem coalhados, cortem-nos e virem-nos para se cozerem da outra banda; depois de cozidos façam-se as trouxas, metendo-lhe dentro (se quiserem) ovos moles, passem-se por açúcar em ponto e, com canela por cima, mande-se à mesa.

3
Ovos moles

Deitem-se em um arrátel de açúcar em ponto alto quinze gemas de ovos, mexase muito bem enquanto se forem cozendo; depois de cozidos, deite-se no prato e mande-se à mesa com canela por cima.

4
Fatias de ovos

Amassem uma dúzia de ovos com doze onças de farinha, um arrátel de amêndoas muito bem pisadas, um arrátel de açúcar de pedra peneirado, uma colher de manteiga de vaca, água-de-flor misturada com água rosada; depois de muito bem amassado tudo isto, deitem uns pós de farinha em uma bacia e ponham-se por cima umas obreias borrifadas com água-de-flor, sobre elas deite-se a massa baixinha e coza-se no forno; como estiver cozida, cortem-se as fatias e, virando-as, ponham-nas a cozer da outra banda sobre obreias; depois de cozidas, mande-se à mesa.

5
Talhas de ovos

Deite-se em um alguidar meia dúzia de ovos com três claras, meio arrátel de farinha, um arrátel de açúcar de pedra peneirado com um arrátel de amêndoas muito bem pisadas, sal, uma colher de água-de-flor e duas de água do pote (desfaça-se tudo isto com a mão como quem desfaz cuscuz); depois de muito bem desfeito, mexa-se com a colher até erguer empolas e deite-se em uma bacia com uns pós de farinha por baixo, meta-se a bacia cheia dentro no forno, coza-se muito bem entre o pão: depois de cozida, cortem-se em talhadas e, se quiserem, metam-nas no forno a biscoitar.

CAPÍTULO IX
De doces de frutas

PRIMEIRO PRATO
Abóbora de covilhete

Quando a abóbora estiver esbrugada, a pesarão crua em uma balança, e quantos arráteis forem de abóbora o serão também de açúcar; depois a abóbora crua pesada se porá a cozer em um tacho, e tanto que estiver cozida se pisará em um gral de pedra e se irá pondo em uma peneira para que escorra a água, e depois, metida em um pano, se torça bem para que não fique com alguma água. Então se porão os arráteis de açúcar em um tacho ao lume; depois de limpo o açúcar, lhe deitarão abóbora que se irá cozendo no açúcar, e quando não cair da colher, quando com a mesma se lhe der volta, está feita, e se lhe deitará o almíscar que quiserem, e deita-se em covilhetes, cora-se ao sol.

2
Ginjas de calda

Tirem-se os caroços às ginjas e pese-se dela um arrátel e quarta, e ponha-se em um tacho ao lume com água a ferver, então se lhe deitem dentro as ginjas, dando-lhe uma boa fervura de pescada, depois tire-se o tacho do lume e, com uma escumadeira ou colher, se vão tirando as ginjas e deitando-as em um alguidar que tenha água fria, e se deixe assim estar um quarto de hora na água, depois se escorra a água e se lhe deita outra fria, e passado outro quarto de hora se tira fora e se põe em um prato a escorrer que fiquem bem escorridas, depois limpe-se um arrátel de açúcar e se põe no tacho, e se lhe deitem as ginjas dentro e se deixem estar assim uma noite; no outro dia se põem ao lume a engrossar, e tanto que virem que deitando-se um pingo do açúcar em prato, que não corra, estão feitas, e se deitam em panelinhas.

3
Marmelada comum

Cortados os marmelos em quartos, limpos e aparados sem caroço, nem grainha, ponham-se a cozer; depois de cozidos, passem-se por uma peneira rala: deite-se em dois arráteis de açúcar em ponto de alambre grosso um arrátel de massa; como estiver muito bem desfeita a massa no açúcar, ponha-se o tacho no lume um nada enquanto ergue fervura, tire-se do lume, deitem-lhe âmbar ou almíscar, se quiserem, deite-se nos covilhetes e ponha-se a corar ao sol.

Do mesmo modo se faz marmelada de Cambraia, deitando-lhe dois arráteis de massa e de açúcar.

4
Marmelada crua

Tomem dois arráteis de açúcar limpo e, posto em ponto de bola, lhe deitarão um arrátel de marmelo, o qual estará já cozido, aparado, feito em talhadas e pesado, e tanto que o açúcar estiver no dito ponto de bola, irão com as mãos desfazendo as talhadas do marmelo em bocadinhos, e deitando dentro do tacho do açúcar, fora do lume, mexendo-se o marmelo no açúcar com uma colher muito bem; feito assim se torna a pôr ao lume, mexendo-se que não pegue o marmelo no fundo do tacho, e tanto que ferver um bocadinho que faça caracol, se tire do lume e se vá deitando nos covilhetes. E se lhe quiserem deitar cheiro, o farão quando o açúcar estiver no ponto, e antes que se lhe deite o marmelo.

5
Marmelada de sumos

Deitem-se dois arráteis de marmelos, em quartos aparados, em três arráteis de açúcar em ponto delgado para que nele se cozam; enquanto se vão cozendo, desfaçam-se com a colher; como estiverem bem cozidos e enxutos, deitem-lhe cheiro (se quiserem), deitem-se nos covilhetes e ponham a corar ao sol.

6
Marmelada de geléia

Estando limpos e aparados os marmelos sem caroços, nem grainha, pesem-se quatro arráteis deles e ponham-nos a cozer em dois arráteis de açúcar até engrossar; tanto que estiver grosso, deite-se tudo em um pano, esprema-se no mesmo tacho, apertando-se em uma prensa, ponha-se o tacho com o que escorreu a cozer, até ficar mais grosso, com o que fica feita a geléia; tire-se do lume, deitem-lhe cheiros (se quiserem) e deitem-na em vidros; se for fina, três arráteis de açúcar.

Desta maneira se faz geléia de romãs, camoesas, ginjas, peras, uvas ou maçãs; esta é boa para câmaras.

7
Perada

Limpas e aparadas as peras, ponham-se a cozer em água três arráteis delas; depois de cozidas, ralem-se ou pisem-se, e deitem-se em quatro arráteis de açúcar em ponto de espadana; mexa-se até que enxugue; como estiver enxuta, tire-se do lume e deitem-lhe cheiro (se quiserem) e deite-se nos covilhetes.

8
Peras em conserva

Estando apartadas as peras que quiserem, que não sejam muito maduras, furem-nas com um furador em cruz e ponham-nas a cozer em um tacho de água fervendo; como estiverem cozidas, tirem-nas com uma escumadeira, limpem-lhe os pés, deitando-as em água fria, lavem-nas em quatro águas, deitem-nas em açúcar em ponto de cabelo, quantidade que cubra as peras, e deitem-lhe nove fervuras em nove dias a esta conserva, para que engrosse. Se quiserem cobrir as peras, tirem-nas da conserva, ponham-nas a escorrer em uma joeira, depois de escorridas deitem-nas em açúcar fervendo até que esteja em ponto de pelouro; tire-se o tacho do lume, ponha-se no chão, tirem-se as peras com umas caninhas e, deitando-lhe com uma colher açúcar por cima, ponham-nas em uma grade ou joeira, embrulhem-nas em papel e não as ponham em parte úmida porque revêem.

9
Cidrada

Aparadas as cidras da casca, para ficar o doce mais alvo, lavadas em duas ou três águas frias, escaldadas em duas ou três águas fervendo, e de cada vez espremidas em um pano grosso, depois que estiverem já adoçadas, deitem-nas em três águas frias, espremendo-as sempre com o pano, ralem-se as cidras, ou pisem-se, e deitem um arrátel de cidra em dois de açúcar em ponto de cabelo, e por esta conta façam a quantidade que quiserem, mexa-se enquanto não enxuga e, como mostrar o fundo, tire-se fora, deitem-lhe cheiro, se quiserem, e bote-se nos covilhetes.

10

Cidrão em conserva

Aparadas muito bem as cidras, deitem-se em uma panela, ou se for mais quantidade em um pote, em salmoura de ovo; depois traga-se a adoçar nove dias em nove águas, faça-se a conserva de açúcar e cubra-se do mesmo modo que acima dissemos nas peras em conserva, folha 167 nº 8, Cap. IX.

11

Pessegada

Aparados os pêssegos e cortados em talhadas, ponham-se a cozer em água; depois que estiverem cozidos, deitem-se em uma joeira e ponham-se o trincho em cima com um peso grande para que escorram; depois de escorridos deitem-se três arráteis de pêssegos em três arráteis de açúcar em ponto de alambre; coza-se até fazer empolinhas, tire-se do lume, botem-lhe cheiro (se quiserem) e deite-se nos covilhetes.

12

Pêssegos secos

Limpos os pêssegos em uma cenrada, não sejam pequenos, nem molares, e enxutos muito bem, tirem-lhes os caroços com um ferro que corte em redondo; como despedir o caroço, meta-se outra vez no pêssego, e depois de feito isto a todos tenham-nos quatro dias em açúcar em ponto de espadana, dando cada dia uma fervura; na última fervura tirem-nos do açúcar para lhe tirarem os caroços, cubram-nos com o mesmo açúcar, que há de estar em ponto, escorram-nos sobre uma grade, ou joeira, e ponham-se em um tabuleiro a secar ao sol, para que lhe não dê ar frio, e quando se guardarem depois de bem secos, deitem-nos em pano de linho, para que não umedeçam.

Deste modo se fazem alperches.

13
Florada

Deite-se em um alguidar em água fria flor de laranja doce, ou da china, a maior e melhor, lavem-na muito bem de modo que a não quebrem, deitem-na em outra água em outro alguidar, ponham-na a ferver um pouco em um tacho, que há de estar já fervendo: depois que ferver, deitem-na em água fria a adoçar, passando a mais duas ou três vezes por outras águas: como estiver doce que não amargue, ponham-na a escorrer em uma joeira; depois de enxuta e muito bem espremida, coza-se em açúcar em ponto; estando cozida, ponham-na a esfriar, abanando-se para que se esfrie depressa, botem-lhe cheiro, se quiserem, e deite-se em panelas vidradas.

14
Chocolate

Ponham-se a torrar cinco arráteis de cacau; depois de torrado, limpem-no e tirem-lhe a casca, pise-se muito bem, misture-se com três arráteis de açúcar de pedra e três onças de canela fina peneirada; logo que estiver tudo isto muito bem misturado, vá-se moendo em uma pedra, como quem mói tintas, moa-se segunda e terceira vez, e como estiver em massa deitem-lhe oito baunilhas pisadas e peneiradas; façam-se os bolos na forma que quiserem.

15
Sorvete

Deite-se em um tacho sete arráteis de açúcar de pedra, com o sumo de seis limões, bata-se muito bem até que fique em bom ponto; botem-lhe um cruzado de pós de aljôfar, um cruzado de pós de coral, um cruzado de pós de ouro, seis tostões de almíscar e doze tostões de âmbar e de pedra-bazar, o que quiserem; como tudo estiver bem batido, deitem-no em umas tigelas.

ARTE
DE
COZINHA

TERCEIRA PARTE

Forma de como se hão de dar
os banquetes em todos os meses do ano

JANEIRO

Primeira coberta

1. Três pratos grandes de perdizes lardeadas guarnecidas com lombo de porco em conserva
2. Coelhos de salada guarnecidos com paio
3. Frangas assadas sobre sopa de camoeses
4. Pernas assadas com salsa real
5. Pombos assados guarnecidos com lingüiça e pão ralado
6. Peitos de vitela recheados sobre fatias albardadas
7. Polegares de vitela assados à francesa
8. Lombo de porco assado com tordos e galinhola sobre sopa de amêndoa

Segunda coberta

1. Três pratos grandes de perdizes de peito picado, guarnecidos com salsichas
2. Coelhos de gigote guarnecidos com torresmos de presunto
3. Pombos turcos guarnecidos de natas
4. Galinhas de Fernão de Souza guarnecidas com pasteizinhos de galinha falsos, sem massa
5. Perus salsichados guarnecidos com mãos de porco albardadas
6. Adens extraordinários sobre sopas de pêros camoeses
7. Frangões fritos em conserva
8. Trouxas de carneiro e ovos guarnecidas com línguas de carneiro
9. Pernas de porco estofadas em vinho branco com perrexil e alcaparras, guarnecidas com achar de cabeça de porco
10. Entrita com tordos, coelhos, galinhas e lombo de porco

1. Três pratos grandes com três pastelões de todas as carnes
2. Covilhete de folhado
3. Três tortas de massa tenra de presunto agro e doce
4. Empadas inglesas
5. Empadas de vitela salsichadas
6. Pasteizinhos de galinha fritos
7. Empadas de espeto de lombo de porco
8. Tortas de fruta e ovos de folhado francês
9. Pasteizinhos de boca de dama de manjar-real
10. Fruta de manjar-branco

Em cada coberta destas se seguem seis pratinhos, e do que quiserem fazer cada prato destes, se achará no Índice, buscando o número que apontar.

FEVEREIRO

1. Dois pratos grandes de perdizes assadas à francesa
   Dez pratinhos de descaídas e oveiros de galinha
2. Leitões assados sobre sopa de pêros
   Dez pratinhos de lombo de porco em conserva
3. Peruas assadas sobre sopa de nata
   Dez pratinhos de lingüiça
4. Galinha dourada sobre sopa dourada
   Dez pratinhos de frangões fritos de escabeche
5. Coelhos de João Pires com alcaparras
   Dez pratinhos de salsichas
6. Pombos turcos
   Dez pratinhos de queijo de cabeça de porco
7. Empadas inglesas
   Dez pratinhos de pasteizinhos de galinha folhados
8. Empadas de vitela salsichadas, ou de lombos
   Dez pratinhos de mãos de porco de judeu

9. Olha de entrita

   Dez pratinhos de fruta de seringa

10. Manjar-branco

    Dez pratinhos de pasteizinhos de manjar-real descobertos

Neste banquete se pode acrescentar, ou diminuir, conforme forem as pessoas que houverem de estar à mesa.

MARÇO

1. Dois pratos grandes de sopas à italiana, guarnecidas com tutanos

   Dez pratinhos de descaídas e oveiros de galinha

2. Frangas recheadas sobre sopa dourada

   Dez pratinhos de torresmo de presunto com alcaparras

3. Cabrito assado lardeado sobre sopa de queijo

   Dez pratinhos de mão de cabrito ou carneiro de judeu

4. Coelhos armados sobre sopa tostada

   Dez pratinhos de línguas de carneiro e miolos fritos albardados

5. Pombos à francesa sobre fatias albardadas

   Dez pratinhos de pasteizinhos falsos de galinha, sem massa

6. Adens com amêndoas

   Dez pratinhos de frangos em conserva

7. Empadas de lombo de vaca salsichadas

   Dez pratinhos de salsichas de presunto com perrexil

8. Pastelões de todas as carnes, de massa tenra lavrados

   Dez pratinhos de almojavenazinhas de carneiro fritas

9. Dois pratos de olhas-podridas

   Dez pratinhos de cuscuz ou aletria

10. Fruta de seringa

    Dez pratinhos de pasteizinhos de boca de dama de nata, descobertos com açúcar de pastilhas por cima

Das iguarias sobreditas se mandam à mesa dois pratos, que se podem acrescentar ou diminuir.

Primeira coberta

1. Sopas à italiana guarnecidas com ovos
2. Favas com ovos
3. Lampreia assada guarnecida com maçãs fritas
4. Sável assado guarnecido com alcaparras
5. Linguados recheados com picatostes
6. Qualquer peito que houver guarnecido e estufado
7. Postas de peixe à mourisca com arteletes de massa
8. Cherne ou pargo em conserva
9. Caldo coalhado com ovos
10. Pastéis enredados

Segunda coberta

1. Linguados assados guarnecidos com picatostes de cidrão
2. Lampreia de sopas guarnecida com pêros albardados
3. Tainhas assadas cobertas de amêndoas
4. Peixe picado em capela real guarnecido com picatostes de folhado
5. Trouxas de cardos guarnecidas do mesmo cardo
6. Siba em gigote guarnecida com a mesma siba frita
7. Cardo à italiana guarnecido com natas
8. Postas de peixe cozidas em vinho e manteiga com espécies
9. Alcachofras recheadas guarnecidas com cebolas recheadas
10. Tigelada de queijo

Terceira coberta

1. Peixe de escabeche guarnecido com miolos de amêijoas ou de ostras
2. Peixe ensopado guarnecido com alfaces
3. Peixe de carril guarnecido com camarões
4. Bolas de peixe picado
5. Peixe frito com salsa, alcaparras e azeitonas
6. Empadas inglesas de todos os peixes

7. Tortas de nata
8. Pastéis redondos de requeijões
9. Empadas de salmonetes
10. Almojávenas de ovos moles

MAIO

1. Dois pratos grandes de frangões de caldo de vaca sobre sopa de vaca
   Dez pratinhos de torresmos de presunto
2. Dois pratos de láparos assados com pele
   Dez pratinhos de descaídas com alcaparras
3. Dois pratos de patos assados à francesa
   Dez pratinhos de cabecinhas e fressuras de cabrito
4. Dois pratos de peito de vitela recheados em conserva
   Dez pratinhos de alcachofras e morangos com açúcar e canela
5. Dois pratos de galinha sem osso sobre sopa dourada
   Dez pratinhos de salpicão de porco com alcaparras e perrexil
6. Dois pratos de pombos turcos com natas
   Dez pratinhos de línguas de carneiro fritas com miolos
7. Duas empadas inglesas de todas as carnes
   Dez pratinhos de pasteizinhos de galinha folhados
8. Dois pratos de presunto cozido em leite
   Dez pratinhos de pasteizinhos de carneiro fritos
9. Olha francesa
   Dez pratinhos de almojávenas de nata
10. Torta de fruta e ovos
    Dez pratinhos de manjar-branco

Também este banquete se pode acrescentar, ou diminuir, conforme forem as pessoas que estiverem à mesa.

1. Quatro pratos grandes de frangões de sopa de vaca com paio
   Vinte pratinhos de descaídas e madres de galinha
2. Quatro pratos de frangas recheadas sobre sopa de nata
   Vinte pratinhos de torresmo de presunto com alcaparras
3. Quatro pratos de coelhos em branco
   Vinte pratinhos de perdigotos
4. Quatro pratos de cucegos lardeados fritos à mourisca
   Vinte pratinhos de fígados e cabeças de cabrito recheadas
5. Quatro pratos de galinhas de Fernão de Souza guarnecidas com línguas de carneiro albardadas
   Vinte pratinhos de salpicão de porco
6. Quatro pratos de patos de marquim sobre sopas de queijo
   Vinte pratos de passarinhos
7. Quatro pratos de empadas de lombo de vaca
   Vinte pratinhos de rolas com pão ralado, não havendo, frangões
8. Quatro pratos de tortas de carneiro, frangões, presunto e cabrito folhado
   Vinte pratinhos de língua de vaca em achar
9. Quatro pratos de olha francesa
   Vinte pratinhos de talhadas de marmelo cozidas em açúcar
10. Manjar-branco guarnecido com castanhas de manjar-real
    Vinte pratinhos de pasteizinhos de caixa de nata

Acrescenta-se ou diminui-se conforme for necessário.

JULHO

Primeira coberta

1. Dois pratos grandes de galinhas assadas guarnecidas com torresmos de presunto
2. Lombos de vaca de escabeche com alcaparras e perrexil
3. Dois pratos de frangões turcos com natas e cardos
4. Dois pratos de coelhos de salada guarnecidos
5. Dois pratos de frangões fritos com cobertas

6. Dois pratos de capelas reais com tutanos
7. Dois pratos de cabrito assado com mãos de porco albardadas
8. Dois pratos de tortas de presunto
9. Dois pratos de tortas inglesas
10. Dois pratos do doce que quiserem, ou frutas de seringa

Segunda coberta

1. Dois pratos grandes de galinhas recheadas, guarnecidas com torrijas albardadas
2. Dois pratos de lombo estufado com perrexil
3. Dois pratos de lombos ensopados guarnecidos com miolos
4. Dois pratos de coelhos armados guarnecidos com fruta e massa
5. Dois pratos de frangões recheados de caldo amarelo, guarnecido com cebolas recheadas
6. Dois pratos de carneiro em trouxas bem armado
7. Dois pratos de cabrito de tigelada com escabeche e mãos
8. Dois pratos de presunto com paio e ervas
9. Dois pratos de pastéis fritos
10. Dois pratos de ovos-reais

Terceira coberta

1. Dois pratos grandes de galinhas armadas guarnecidas com línguas albardadas
2. Dois pratos de lombos recheados guarnecidos com arteletes de massa
3. Dois pratos de pombos dourados guarnecidos com miolos
4. Dois pratos de coelhos de tigelada guarnecidos com fígados de cabrito
5. Dois pratos de frangões de fidéus guarnecidos com línguas de carneiro
6. Dois pratos de fatias de carneiro fritas guarnecidas com úbere de vaca
7. Dois pratos de cabrito ensopado guarnecidos com cebolas recheadas
8. Dois pratos de presunto com leite e vinho
9. Dois pratos de empadas redondas
10. Dois pratos de tigelada de leite

Primeira coberta

1. Sopas à italiana com frangões, paio e tutanos
2. Perdizes lardeadas guarnecidas com lingüiça
3. Perus assados guarnecidos com lombo de porco em conserva
4. Coelhos com alcaparras e perrexil
5. Pombos turcos com natas e cardo
6. Galinhas recheadas guarnecidas com torrijas
7. Peitos de vitela recheados
8. Adens em achar guarnecidos com mãos de carneiro
9. Lombo de vaca à mourisca com galinholas
10. Lombos de vitela folhados em espeto

Segunda coberta

1. Galinhas recheadas guarnecidas com salsichas
2. Perus sem osso com salsa real
3. Alcachofras recheadas guarnecidas com fígados
4. Frangões fritos guarnecidos com presunto frito
5. Pombos ensopados guarnecidos com miolos
6. Vitela salsichada guarnecida com mãos
7. Cabrito à francesa guarnecido com cabeças de cabrito recheadas
8. Capela de Fernão de Souza com tutanos
9. Capões cevados guarnecidos com línguas fritas
10. Tortas de carneiro

Terceira coberta

1. Perdiz de peito picado guarnecida com torrijas
2. Pombos ou frangões com fidéus
3. Patos à francesa guarnecidos com talhadas de queijo albardadas
4. Lombos recheados guarnecidos com úbere de vaca
5. Tortas de presunto agro e doce à italiana
6. Coelhos armados guarnecidos com túberas e olhos de alface

7. Galinhas douradas guarnecidas com trouxas de carneiro
8. Empadas inglesas de todas as carnes
9. Empadas salsichadas ou pastelões
10. Olhas guarnecidas com paio, presunto e chouriço

SETEMBRO

1. Cinco pratos grandes de galinhas recheadas sobre sopa dourada
guarnecidas com torresmos de presunto
Vinte pratinhos de descaídas e oveiros de galinha
2. Cinco pratos de cabrito assado lardeado sobre sopa de queijo
Vinte pratinhos de torresmos de presunto e línguas de carneiro
3. Cinco pratos de adens assados com potagem guarnecidos com mãos
de carneiro albardadas
Vinte pratinhos de salsichas de presunto
4. Cinco pratos de peito de vitela recheado com maçã de vaca, guarnecidos
com talhadas de úbere de vaca albardadas
Vinte pratinhos de mãos de carneiro de geléia
5. Cinco pratos de perus de molho de salsa real guarnecidos com frangões
fritos de escabeche
Vinte pratinhos de talhadinhas de cabeça de vitela em achar
6. Cinco pratos de pombos dourados sobre sopa de tutanos guarnecidos
com talhadas de línguas fritas e miolos albardados
Vinte pratinhos de azevia ou bogas ou salmonetes fritos em toucinho
7. Empadas inglesas de todas as carnes
Vinte pratinhos de pasteizinhos de boca de dama de galinha
8. Tortas de toda fruta do tempo com ovos-reais de folhado francês
Vinte pratinhos de talhadinhas de cidrão assado com açúcar e canela
9. Cinco pratos de olha francesa de toda variedade de carne
Vinte pratinhos de pasteizinhos de manjar-real descobertos com açúcar
de pastilhas de manjar-branco
10. Cinco pratos de fruta de seringa feita de manjar-branco
Vinte pratinhos de pasteizinhos de nata

Este banquete na forma em que está serve para vinte pessoas; cada iguaria a cinco
pratos, com um pratinho a cada pessoa: também se pode acrescentar ou diminuir.

1. Seis pratos de frangões de caldo de vaca sobre sopas de tutanos
2. Seis pratos de rolas assadas guarnecidas com lingüiça
3. Seis pratos de perdizes lardeadas guarnecidas com salsichas
4. Seis pratos de leitões
5. Seis pratos de peruas assadas com salsa real
6. Seis pratos de galinhas estreladas guarnecidas com torresmos
7. Seis pratos de coelhos de torta guarnecidos com alcaparras
8. Seis pratos de peitos de vitela recheados com maçã de vaca
9. Seis pratos de pernas de carneiro armadas guarnecidas com amêndoas
10. Seis pratos de pastéis folhados
11. Seis pratos de lombos estivados guarnecidos com perrexil
12. Seis pratos de capelas reais de carneiro guarnecidas com tutanos
13. Seis pratos de frangões fritos de escabeche guarnecidos com maçãs fritas
14. Seis pratos de patos à francesa
15. Seis pratos de pombos turcos com natas
16. Seis pratos de galinhas armadas sobre sopa de queijo
17. Seis pratos de adens com sangue e pêros
18. Seis pratos de pombos enredados
19. Seis pratos de pombos estufados guarnecidos com azeitonas e alcaparras
20. Seis pratos de empadas inglesas
21. Seis pratos de frangões de fidéus
22. Seis pratos de galinhas recheadas sobre sopa dourada
23. Seis pratos de pombos ensopados guarnecidos com miolos
24. Seis pratos de perdizes de peito picado
25. Seis pratos de lombo de vitela em massa em espeto
26. Seis pratos de cabrito à francesa guarnecidos de línguas de carneiro albardadas
27. Seis pratos de coelhos armados guarnecidos de arteletes
28. Seis pratos de galinhas de Fernão de Souza guarnecidas com úbere e tutanos
29. Seis pratos de tortas de presunto agro e doce
30. Seis pratos de trouxas de carneiro armado
31. Seis pratos de perus sem osso
32. Seis pratos de cebolas recheadas com carneiro picado
33. Seis pratos de coroas reais de folhado
34. Seis pratos de galinhas em pé

35. Seis pratos de paios de vitela em conserva
36. Seis pratos de paios em conserva de lombo de porco em massa
em espeto folhado
37. Seis pratos de pastelões de todas as carnes
38. Seis pratos de frangões albardados guarnecidos com tutanos
39. Seis pratos de úberes de vaca recheados guarnecidos com passarinhos
40. Seis pratos de pombos recheados de caldo amarelo guarnecidos
com cebolas recheadas
41. Seis pratos de galinhas com cuscuz
42. Seis pratos de empadas de vitela
43. Seis pratos de empadas de porco montês
44. Seis pratos de empadas de lebre
45. Seis pratos de empadas de veado
46. Seis pratos de tortas de fruta e ovos
47. Seis pratos de empadas de coelho
48. Seis pratos de pastéis de ovos moles
49. Seis pratos de pastéis de manjar-real
50. Seis pratos de manjar-branco

NOVEMBRO

Primeira coberta

1. Perdiz com lombo de porco
2. Pratos com couve
3. Leitões assados
4. Tigelada de queijo
5. Pastéis de carneiro folhados
6. Olha-podrida com paio e coentro
7. Manjar-branco em pelas
8. Peru sem osso
9. Pombos turcos
10. Pernas de porco

Segunda coberta

1. Galinhas assadas guarnecidas com lombo de porco em conserva
2. Patos à francesa
3. Perus com torresmos
4. Frangões com línguas de carneiro
5. Coelho de João Pires
6. Lombos recheados
7. Sopas de queijo
8. Empadas inglesas
9. Olha à francesa
10. Fruta de manjar-branco

Terceira coberta

1. Perdizes de peito picado
2. Perus de Fernão de Souza
3. Coelhos com perrexil e achar
4. Pombos estrelados
5. Línguas agras e doces
6. Queijo frito
7. Pastéis redondos
8. Olha sobre entrita
9. Galinhas fritas
10. Manjar-branco amarelo

Pratinhos que se seguem a esses pratos

1. Perdizes
2. Pombos
3. Frangões
4. Línguas
5. Miolos
6. Arteletes
7. Doces
8. Descaídas
9. Rins

1. Quatro pratos grandes de perdizes guarnecidas
   Vinte pratinhos de descaídas
2. Quatro pratos de pombos dourados
   Vinte pratinhos de torresmos de presunto
3. Quatro pratos de peruas salsichadas
   Vinte pratinhos de salsichas
4. Quatro pratos de pastelões de carneiro, pombos, línguas e lombos
   Vinte pratinhos de pasteizinhos de galinhas
5. Quatro pratos de frangões recheados
   Vinte pratinhos de lingüiça
6. Quatro pratos de coelhos de salada
   Vinte pratinhos de torrijas de perdiz
7. Quatro pratos de empadas de vitela
   Vinte pratinhos de mãos de porco
8. Quatro pratos de tortas de fruta
   Vinte pratinhos de pasteizinhos de manjar-branco
9. Quatro pratos de perus de salsa real
   Vinte pratinhos de achar de porco
10. Quatro pratos de galinha de alfitete
    Vinte pratinhos de pasteizinhos descobertos de manjar-real
11. Quatro pratos de coelhos armados
    Vinte pratinhos de tordos ou passarinhos
12. Quatro pratos de manjar-branco
    Vinte pratinhos de fruta de seringa

Banquetes ordinários e extraordinários para qualquer tempo do ano

BANQUETE ORDINÁRIO

1. Quatro pratos de sopas à italiana com presunto e paio
2. Quatro pratos de perdigotos assados guarnecidos com torresmos de presunto
3. Quatro pratos de frangas douradas guarnecidas com picatostes de descaídas
4. Quatro pratos de patos assados com salsa real
5. Quatro pratos de paio de vitela recheado em conserva de maçã de vaca
6. Quatro pratos de cabritos de marquim guarnecidos com miolos e torrijas
7. Quatro pratos de empadas inglesas de todas as carnes
8. Quatro pratos de pombos turcos guarnecidos

MERENDA ORDINÁRIA

1. Quatro pratos de sopas à italiana com paio, lombo de porco, úbere de vaca
2. Quatro pratos de perdizes lardeadas guarnecidas com lingüiça
3. Quatro pratos de leitões guarnecidos com miolos albardados
4. Quatro pratos de perus com salsa real
5. Quatro pratos de peito de vitela recheado com peito e mãos de vaca
6. Quatro pratos de coelhos de marquim guarnecidos com achar
7. Quatro pratos de pombos turcos guarnecidos com cardo e amêndoas
8. Quatro pratos de paios de folhado de lombo de porco em espeto
9. Quatro pratos de frangões de Fernão de Souza guarnecidos com línguas de carneiro e tutanos

10. Quatro pratos de frangões de fidéus guarnecidos com torresmos e torrijas
11. Quatro pratos de capões de sopa de leite guarnecidos com almojávenas
12. Quatro pratos de empadas inglesas de carneiro, línguas, pombos e presunto
13. Quatro pratos de galinhas de alfitete guarnecidas com ovos-reais e graxe
14. Quatro pratos de pastelões de todas as carnes e lombo de vaca, de vitela, de porco e presunto
15. Quatro pratos de adens bravos guarnecidos com cebolas recheadas
16. Quatro pratos de pombos ou frangões à francesa
17. Quatro pratos de empadas de vitela fabricadas de massa tenra lavrada
18. Quatro pratos de tortas de nata
19. Quatro pratos de olhas-podridas

MERENDA EXTRAORDINÁRIA

Fazendo-se esta merenda por cobertas, será a primeira nos princípios da copa.

Segunda coberta

Primeiro prato: frangões de caldo de vaca sobre sopa com paio
2. Perdizes com presunto
3. Frangas em conserva guarnecidas com maçãs fritas
4. Perus de salsa real
5. Pombos dourados guarnecidos com miolos de carneiro
6. Patos à francesa guarnecidos com marmelos e romãs
7. Mãos de vitela de geléia
8. Lombos de cassis
9. Pastéis de folhado francês
10. Manjar-real

Pratinhos

1. Dois pratinhos de descaídas
2. Dois pratinhos de salpicões

Terceira coberta

Primeiro prato: leitões assados guarnecidos com salsichas
2. Peito de vitela em conserva recheado com peito de vaca e guarnecido com passarinhos e tutanos
3. Coelhos de calda picados
4. Galinhas de Fernão de Souza guarnecidas com pastéis de galinha sem massa
5. Pombos turcos guarnecidos com natas e amêndoas
6. Frangões de adubo guarnecidos com línguas de carneiro fritas
7. Trouxas de carneiro
8. Adens de marquim com fidéus
9. Empadas inglesas de todas as carnes

Pratinhos

1. Dois pratinhos de cabela de vitela em achar
2. Dois pratinhos de pastéis de manjar-real descobertos

Quarta coberta

Primeiro prato: rolas assadas guarnecidas com lombo de vitela
2. Perus salsichados
3. Galinhas de alfitete
4. Lombos estufados guarnecidos com perrexil
5. Perdizes de peito picado
6. Empadas de vitela
7. Galinhas em pé
8. Torta de fruta e ovos
9. Fruta de seringa
10. Olha de todas as carnes

Pratinhos

1. Dois pratinhos de fruta de manjar-branco

Este banquete serve particularmente para os meses de abril e maio.

BANQUETE DE PEIXE PARA A QUARESMA

1. Quatro pratos grandes de favas com ovos
   Vinte pratinhos de cartuxas de ovos com camarões
2. Quatro pratos de sáveis assados
   Vinte pratinhos de amêijoas de escabeche
3. Quatro pratos de linguados recheados
   Vinte pratinhos de azevias assadas com alcaparras e outras ervas
4. Quatro pratos de cherne ou pargo em conserva
   Vinte pratinhos de salmonetes ou ovas albardadas
5. Quatro pratos de tigeladas de linguados ou de qualquer outro peixe
   Vinte pratos de pasteizinhos de marisco
6. Quatro pratos de cardo de Fernão de Souza
   Vinte pratinhos de aspargos ou alcachofras
7. Quatro pratos de empadas de lampreias ou de qualquer outro peixe
   Vinte pratinhos de siba em gigote
8. Quatro pratos de tortas de fruta
   Vinte pratinhos de melícias de amêndoa
9. Quatro pratos de peixe frito
   Vinte pratinhos de fruta de seringa
10. Quatro pratos de pastéis de ovos moles
    Vinte pratinhos de cidrão assado

Este banquete se pode acrescentar ou diminuir na forma que quiserem.

Receitas

Perdigões assados com potagem de salsa real

Tomarão dois perdigões e, depois de assados, os trincharão e os porão em uma tigela nova com azeite e vinagre fervendo, com pimenta, e depois os porão a esfriar, e então lhe farão a potagem de salsa muito miúda, e cebola em roda muito delgada, e a botarão sobre as perdizes postas já no prato, e assim se mandarão à mesa.

Assim se fazem láparos.

Peru ou pato ou galinha mourisca

Tomarão um peru e o afogarão em quartos em um arrátel de toucinho, e afogado o botarão em uma frigideira sobre fatias com o mesmo toucinho: terão feito fora um molho de caldo do carneiro, com meia dúzia de nozes pisadas e uma pequena de mostarda, feita com uma fatia de pão de rala; e como este molho ferver, o temperarão com todos os adubos e o botarão por cima dos quartos de peru, postos na frigideira, e assim o corarão e o mandarão à mesa.

Assim se fazem patos, galinhas, frangões, pombos e cabrito.

Pitora que se faz de qualquer lombo,
ou de vaca ou de porco ou veado

Tomarão um lombo e o farão em talhadas muito delgadas, e as frigirão em toucinho meio fritas, e depois lhe botarão pimenta e uma pequena de farinha torrada, quatro gemas de ovos, de sorte que engrosse o caldo que lhe hão de botar, o qual há de ser duas colheres, e depois sobre fatias o mandem à mesa.

Assim se faz de vitela e de perna de carneiro, e deste modo se fazem tortas e empadas.

Tigelada mourisca

Tomarão seis pombos e seis frangões em metades e duas galinhas em quartos, e depois de tudo meio assado em toucinho o porão em uma frigideira; entre metade e metade, porão talhadas de presunto e encherão até cima, e como estiver cheia, lhe botarão uma dúzia de gemas de ovos e corarão na frigideira, e a mandarão à mesa.

Ervas quaisquer que quiserem

Tomarão umas ervas e as escaldarão em água fervendo, e as abafarão; como estiverem bem escaldadas, as frigirão e depois as passarão por ovos batidos, e a modo de trouxas as irão encamando em um prato, ou frigideira, até encher com todos os adubos, e corada em lume brando as mandarão à mesa.

Assim se faz de caldo amarelo e também de ervilhas.

Farinha torrada para estalecido

Um arrátel de farinha coada, dois arráteis e meio de açúcar, dez réis de pó-de-saúde e dez réis de água-de-flor, tudo misturado, metido em uma panela nova, barrada com massa, mandada ao forno de um dia para o outro, e depois tomarão uma pequenina e a botarão de molho em água necessária para uma tigela de caldo, e nela hão de botar uma gema de ovo; é muito bom, toma-se pela manhã.

De linguados

Tomarão dois linguados depois de fritos inteiros, fendidos pelo meio de alto a baixo, e os porão em uns pratos, e tomarão meio arrátel de manteiga lavada com uma pequena de mostarda e cebola muito picada, e a porão a frigir com pimenta, cravo e noz-moscada, e como ferver botarão este molho por cima dos linguados.

Para todo peixe serve este molho.

Como se há de dar a comer uma semana de vários comeres a meia dúzia de hóspedes, acrescentando ou diminuindo conforme os convidados

Principia-se pelo domingo

Primeira iguaria: tigelas de caldo de galinha com sua gema de ovo e
    capela por cima, e logo sopas de vaca
2. Perdigões assados guarnecidos com lingüiça
3. Coelhos de João Pires
4. Um ou dois peitos de vitela em conserva guarnecidos com torrijas de vitela
5. Pastelões de várias carnes, redondos, lavrados
6. Pastéis fritos pequenos de carneiro com açúcar e canela
    Olha castelhana. A saber: vaca, carneiro, mãos de porco, presunto, grãos,
    nabos, pimentão, de todos os adubos amarelos com açafrão.
    Manjar-branco em pelas assado.

No fim, doces frios e fruta do tempo.

Para a segunda-feira

Primeira iguaria: tigelas de caldo de galinha como as passadas e sopas de vaca
2. Frangas caseiras assadas, lardeadas sobre sopa de natas, guarnecidas
    com biscoitos de la Reyna
3. Uma potagem de mariquas, tordos à francesa, guarnecidos com
    verdeais emborraçados
4. Cabeças de vitela guarnecidas com mãos de judeu
5. Uma torta de frangões e pombos de folhado francês
6. Pastéis de boca de dama, da galinha do tamanho de dois tostões

7. Olha-podrida portuguesa
8. Manjar-real em tigelada corada

No fim, doces frios de frutas.

Para a terça-feira

Primeira iguaria: caldo de galinha e sopas, como acima fica dito
2. Coelhos novos assados com cebola, botada na água em rodas, e salsa muito miúda por cima, alcaparras, guarnecidos com achar de porco
3. Frangas de Fernão de Souza com tutanos sobre sopa do mesmo
4. Peru em gigote de toucinho e vinho branco com substância de vitela
5. Empadas inglesas nevadas
6. Pastéis de barquinhos folhados portugueses
7. Olhas francesas
8. Ovos brancos

No fim, doces e frutas.

Para a quarta-feira

Primeira iguaria: caldo de galinha com sopas, como acima fica dito
2. Peruas novas lardeadas à francesa sobre sopa dourada, galinhas com lombos em conserva
3. Adens reais estufados com marmelos, maçãs azedas, especiaria preta, guarnecidos com tordos
4. Trouxas de carneiro
5. Empadas grandes de lombos de vaca e vitela
6. Pasteizinhos de tutanos saboianos
7. Olha moura, que chamam de fina
8. Fruta de seringa com graxe

No fim, doces frios e frutas.

Para a quinta-feira

Primeira iguaria: caldo de galinha com sopas, como acima dissemos

2. Leitões assados guarnecidos com galinholas
3. Pombos com cardo em fricassê
4. Pernas de carneiro de cassis
5. Empadas de peru sem osso
6. Pastéis folhados de coelho
7. Olha-podrida em massa, que é a melhor de todas
8. Leite em siricaia

Advirto que, para as galinhas que ficam de caldo, se hão de mandar à mesa um dia sobre cuscuz, outro sobre fidéus, outro sobre aletria, outro sobre entrita, outro sobre arroz.

Para a sexta-feira

Primeira iguaria: gemas de ovos em manteiga, depois sopa de nata com aletria

2. Linguados recheados assados guarnecidos com azevias assadas de modo castelhano
3. Corvina em conserva guarnecida com besugos pequenos
4. Tigelada de chocos
5. Empadas de salmonetes
6. Pastéis de mariscos
7. Peixe frito
8. Ovos moles

No fim, doces frios e frutas.

Para o sábado

Primeira iguaria: ovos com pão em manteiga, depois sopa dourada

2. Salmonetes assados com potagem à francesa guarnecidos com ostras

3. Postas de cherne em cassis guarnecidas com amêijoas

4. Linguados de caril

5. Empadas de besugos

6. Almojávenas de peixe picado fritas

7. Peixe frito guarnecido com mexilhões de Aveiro

8. Sonhos passados por açúcar e graxe

No fim, doces frios e frutas.

Comeres que não sejam jantar, nem púcaro de água, mas muito convenientes para jornadas

Farão por este modo para vinte pessoas.

Primeira coberta

Cobrirão a mesa com princípios que houver nesse tempo.

Segunda coberta

1. Há de ter quatro empadas de peru sem osso
2. Quatro empadas de galinhas, pombos e túberas
3. Quatro empadas de vitela
4. Quatro empadas de perdizes com presunto, que façam o número de dezesseis, cada gênero de empadas de seu feitio, e todas se hão de ajuntar

Terceira coberta: doce quente

1. Há de ter quatro tortas de frutas
2. Quatro pratos de pastéis folhados de natas
3. Quatro pratos de pastéis folhados de manjar-branco amarelo
4. Quatro pratos de almojávenas de ovos moles

Todos estes se hão de pôr na mesma forma dos outros pratos.

Quarta coberta: doces frios

Farão dezesseis pratos, cada quatro de vários modos.

Quinta coberta: frutas

Este comer não tem caldas, tudo é bom e ligeiro.

Banquete à francesa
extraordinário

1 prato. Iguaria primeira. Cinco pratos grandes de olha francesa
1 prato. Iguaria segunda. Galinhas recheadas de alfitete
1 prato. Iguaria terceira. Frangões recheados com alface
1 prato. Iguaria quarta. Pombos ensopados sobre sopa de seringa
1 prato. Iguaria quinta. Coelhos estufados com alcaparras
1 prato. Iguaria sexta. Coelhos armados com sopa de queijo
1 prato. Iguaria sétima. De alcachofras
1 prato. Iguaria oitava. Criadilhas
1 prato. Iguaria nona. Talhadas de presunto
1 prato. Iguaria décima. Alcaparras
1 prato. Iguaria undécima. De cabrito

Segunda iguaria

Cinco pratos de vitela
Um prato de galinhas de arteletes
Um prato de perdizes lardeadas com torresmos e salsa
Um prato de lombos de vaca recheados
Um prato de línguas mouriscas
Um prato de capões sobre sopa de natas
Um prato de adens estufados
Um prato de perdizes à francesa
Um prato de criadilhas com miolos
Um prato de alfitete recheado

Terceira iguaria

Cinco pratos grandes de perus sem osso, com salsichas pardas
Um prato de peru armado
Um prato de cabeças de cabrito recheadas
Um prato de cabeça de vitela
Um prato de galinhas de Fernão de Souza
Um prato de caravonada de vitela
Um prato de frangões fritos com presunto
Um prato de aspargos
Um prato de fruta de sertã
Um prato de salsa de alcaparras, azeitonas e queijo
Um prato de alface e azedas

Quarta iguaria

Cinco pratos de galinhas em pé
Um prato de peru estufado
Um prato de frangões assados com sopa de alface
Um prato de coelhos de João Pires
Um prato de cabeça de vitela
Um prato de presunto lampreado
Um prato de mãos de carneiro com alfitete
Um prato de alcaparras com perrexil e rins de vitela
Um prato de gigote de perdiz com cardo
Um prato de coelhos em gigote
Um prato de almôndegas assadas de vitela com cardo

Quinta iguaria

Cinco pratos de frangões e presunto à francesa
Um prato de línguas assadas com sua piverada
Um prato de capões à tudesca
Um prato de cabrito de caril
Um prato de talhadas de vitela à romana
Um prato de tutanos de vaca

Um prato de galinhas com azedas
Um prato de alcaparras e perrexil
Um prato de presunto, paio e chouriço com salsa
Um prato de oveiros de galinhas
Um prato de criadilhas fritas com presunto e alcaparras

Sexta iguaria

Cinco pratos de pombos turcos
Um prato de fruta de tutanos
Um prato de costrada de fressura de cabrito
Um prato de arteletes de vitela
Um prato de galinhas mouriscas
Um prato de frangões à portuguesa
Um prato de úbere de vaca
Um prato de salsichão com ervilhas
Um prato de cabeças de cabrito com alfaces e cardo
Um prato de alcaparras, azeitonas e perrexil
Um prato de cardo com ervilhas

Sétima iguaria

Cinco pratos de pastéis de peito de vaca
Um prato de bolinhos
Um prato de cardo de folhado francês
Um prato de pombos à francesa guarnecidos com folhado francês
Um prato de pasteizinhos de galinha
Um prato de pastéis de tutanos
Um prato de frangões feitos albardados
Um prato de capela de vitela
Um prato de carneiro à francesa
Um prato de caravonadas de galinhas
Um prato de presunto e chouriço

Oitava iguaria

Um prato de empadas inglesas
Um prato de pasteizinhos de Santa Clara
Um prato de coroa real de folhado francês
Um prato de pasteizinhos de tutanos
Um prato de mãos de cabrito
Um prato de frangas assadas com sua salsa
Um prato de frangões com ervas
Um prato de pastelão de pombos e cardo
Um prato de alfaces e outras ervas
Um prato de adens assados com sal e amêndoas

Nona iguaria

Cinco pratos de manjar-branco passado e coberto
Um prato de pastelão de siricaia
Um prato de bolinhos de queijo fresco
Um prato de uma torta de natas
Um prato de picatostes de manjar-branco
Um prato de pastéis de requeijão folhados
Um prato de fruta de manjar-branco
Um prato de peras doces e cerejas

Décima iguaria

Cinco pratos de suplicações
Um prato de amêndoas de carapinha
Um prato de melindres
Um prato de biscoitos banhados
Um prato de biscoitos de la Reyna para chocolate

Forma de um banquete com que se pode servir a um embaixador

Primeira coberta de princípios da copa

1 triunfo posto no meio da mesa com várias figuras de espinhado e quatro remates nos quatro cantos da mesa
4 pratos de manteiga levantada e lavrada
4 pratos de salada com vários achares
4 pratos de presunto e paios guarnecidos
4 pratos de melões com melancias
4 pratos de laranjas-da-china guarnecidos com limões doces
4 pratinhos pequenos de alcaparras e perrexil

Segunda coberta

1ª iguaria. Quatro pratos grandes de sopa à francesa de adens, guarnecidos com pombos e línguas de porco
2ª iguaria. Quatro pratos de galinhas recheadas em sopa, guarnecidos com olhos de chicória recheados e chuletas de vitela
3ª iguaria. Quatro pratos de potagem de coelhos, guarnecidos com achar e cartuxas de alcaparras
4ª iguaria. Quatro pratos de lombo de vaca de fricassé à romana, guarnecidos com mãos de porco emborraçadas de caravonada
5ª iguaria. Quatro pratos de potagem de vitela de desina, guarnecida com tordos

8 pratinhos vários
2 pratinhos de fricassé de frangões com descaídas
2 pratinhos de pombos recheados guarnecidos com miolos

2 pratinhos de almôndegas de galinha guarnecidos
2 pratinhos de alfaces recheadas

Terceira coberta

1ª iguaria. Quatro pratos grandes de polegares de vitela assados,
com perdizes lardeadas e descaídas, guarnecidas sobre sopa tostada
2ª iguaria. Quatro pratos de galinhas assadas recheadas, guarnecidos com
chuletas de vitela e mal assadas de descaídas
3ª iguaria. Quatro pratos de peruas assadas castelhanas, guarnecidos
com lingüiça sobre sopa dourada
4ª iguaria. Quatro pratos de lombo de vaca recheado com lombo de porco,
guarnecidos com salsichas
5ª iguaria. Quatro pratos de lebres assadas, guarnecidos com láparos assados
com pele

8 pratinhos
2 pratinhos de pombos mouriscos com línguas de carneiro
2 pratinhos de frangões em conserva com maçãs fritas
2 pratinhos de perdizes de molho de Miguel Dias com alcaparras
2 pratinhos de mãos de vitela a molho de judeu com nabos recheados

Quarta coberta

1ª iguaria. Quatro pratos grandes de empadas de vitela com perdizes
e mãos de porco sem osso
2ª iguaria. Quatro pratos de empadas de folhado de peruas sem
osso e pombos
3ª iguaria. Quatro pratos de tortas de frangões, com tutanos e almôndegas
de peru
4ª iguaria. Quatro pratos de pastelões de carneiro, línguas, lombos, paios
e presunto
5ª iguaria. Quatro pratos de empadas de galinha cartuxas

8 pratinhos
2 pratinhos de pastéis folhados de galinha
2 pratinhos de empadinhas de passarinhos
2 pratinhos de pastéis saboianos de peito de peru
2 pratinhos de tortinhas inglesas

Quinta coberta

1ª iguaria. Quatro pratos de triunfos de doces de freiras
2ª iguaria. Quatro pratos de almojávenas de ovos e cidrão
3ª iguaria. Quatro pratos de capelas imperiais das freiras
4ª iguaria. Quatro pratos de lombos
5ª iguaria. Quatro pratos de doces secos

8 pratinhos
2 de fruta de seringa
2 de marmelos
2 de queijadinhas de manjar-real
2 de queijadinhas de ovos

Sexta coberta: de frutas

3 pratos de peras de bom cristão
3 pratos de peras virgulosas
3 pratos de peras bergamotas
3 pratos de verdeais
3 pratos de camoesas
3 pratos de uvas
3 pratos de melancias
8 pratinhos de queijo
4 salvas de pastilhas
Chocolate

Para os gentis-homens que acompanharem o embaixador

2 pratos de manteiga
2 pratos de salada
2 pratos de presunto
2 pratos de laranja-da-china
2 pratos de limões doces

Da cozinha

4 pratos de várias potagens
4 pratos de guisados
4 pratos de assados
4 pratos de massas
4 pratos de doces quentes
4 pratos de doces secos
10 pratos de frutas

Aos pajens se serve da mesma forma.

Aos homens de pé

6 pratos de princípios
6 pratos de potagens
6 pratos de assados
6 pratos de massas
6 pratos de doces
6 pratos de frutas

Nesta mesma forma poderão continuar os mais comeres com que no nosso Portugal costuma a Polícia Real hospedar os seus embaixadores com seis comeres, três ceias e três jantares; principiando sempre pela ceia e acabando por jantar, com que os demais comeres se seguirão pelo mesmo modo, assim na qualidade dos pratos, como também na quantidade das cobertas, com tal ordem entre si que na coberta em que forem assados, não hão de entrar guisados, e da mesma sorte na que constar de guisados, não hão de entrar assados, e conseqüentemente a que constar de massa, não admirará qualquer outro gênero de temperos que não pertençam ao das massas; porém as carnes, aves ou qualquer outro gênero se podem variar em cada um dos comeres, como também os mesmos guisados, assados ou massas com advertência assim repartidos, porque desta forma brilham mais as mesas e ficam servidos com mais capricho os hospedados.

Também me pareceu conveniente repartir aqui a ordem e a forma de um jantar grande feito à estrangeira, o qual consta de um prato grande, posto no meio da mesa com oito pratos meãos em volta, seguindo-se também oito pratinhos em roda, porém tudo na mesma coberta, o que claramente mostram as estampas seguintes, para que na mesma forma se ponham os pratos, e se sigam as cobertas, que quanto aos comeres podem admitir variedade.

Primeiro
prato de fran
gaõs de fidéo
guarn.

Prato de
ſop. de galli
em quart. re
chea.

Prato de
mãos de porco
de judeo
guarn.

Prato de pe-
pitoria á Cas-
telhana gua
necidos.

Prato grande de ſopa
de ades á Franceza
guarnecido com pobos
e lingoas de porco, e
alſaceas recheadas
com vitella.

Potagem de
coelhos guar-
necidos.

rato de re-
polho recheado
guarn.

Prato de li n
goa de vaca á
marinada
guarn.

Prato de fri-
cacé guarn.

Pratos à roda

Primeiro prato de frangões de fidéus guarnecidos
Prato de mãos de porco de judeu guarnecido
Potagem de coelhos guarnecida
Prato de fricassé guarnecido
Prato de língua de vaca à marinada guarnecido
Prato de repolho recheado guarnecido
Prato de pepitória à castelhano guarnecido
Prato de sopa de galinha em quartos recheados

Prato central

Prato grande de sopa de adens à francesa guarnecido com pombos e línguas de porco e alfaces recheadas com vitela

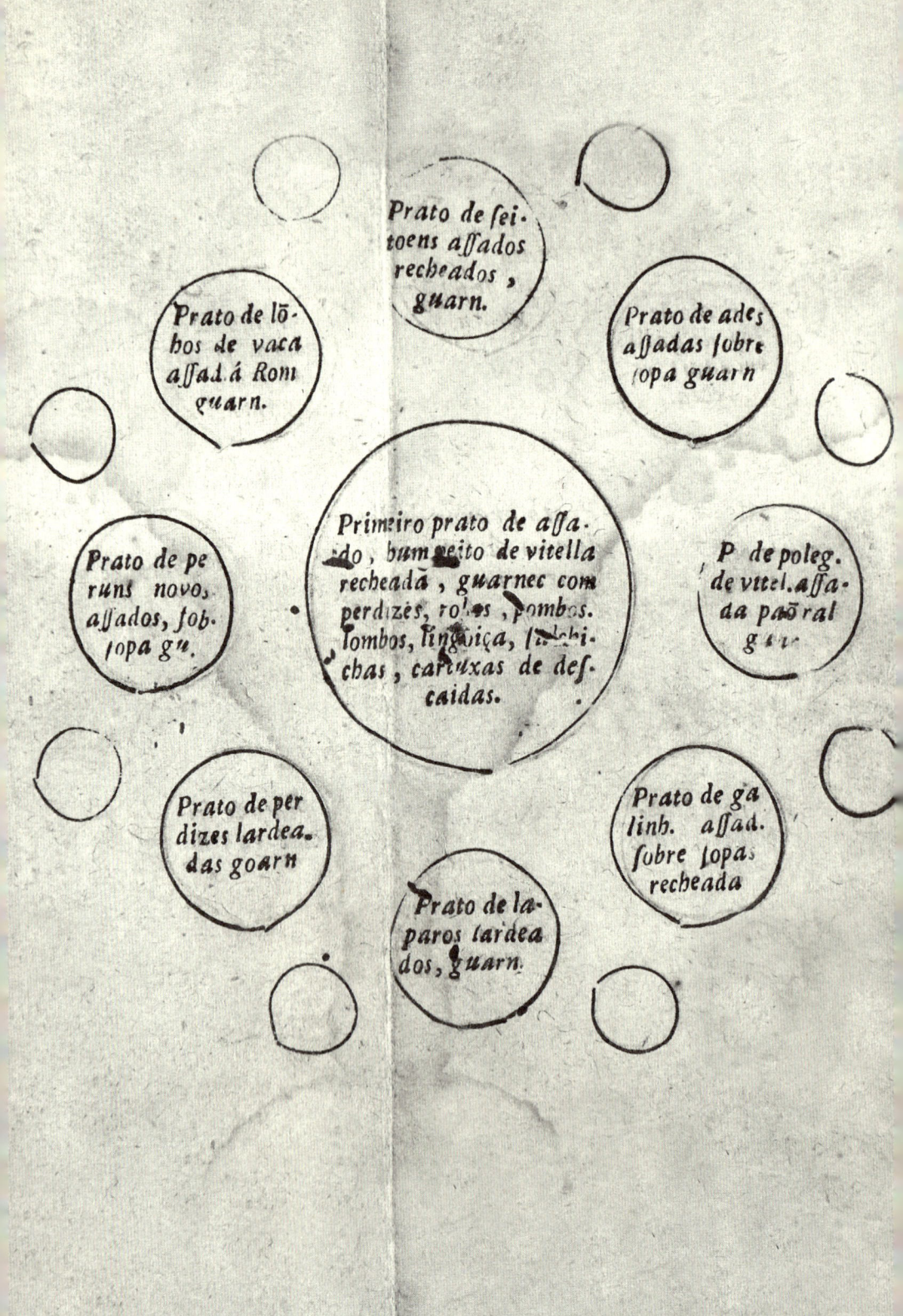

Prato de seitoens aſſados recheados, guarn.

Prato de lõbos de vaca aſſad. á Rom guarn.

Prato de ades aſſadas ſobre ſopa guarn

Prato de peruns novos, aſſados, ſob. ſopa gu.

Primeiro prato de aſſado, bum ſeito de vitella recheadã, guarnec com perdizes, rolos, pombos. lombos, lingoiça, ſalchichas, cartuxas de deſcaidas.

P de poleg. de vitel. aſſada paõ ral g.u

Prato de perdizes lardeadas goarn

Prato de galinh. aſſad. ſobre ſopas recheada

Prato de laparos lardeados, guarn.

Pratos à roda

Prato de leitões assados recheados guarnecido
Prato de adens assadas sobre sopa guarnecido
Prato de polegares de vitela assada
Prato de galinha assada sobre sopas recheadas
Prato de láparos lardeados, guarnecidos
Pratos de perdizes lardeadas guarnecidas
Prato de perus novos, assados
Pratos de lombos de vaca assados à Rom., guarnecidos
Pratos de leitões assados recheados, guarnecidos

Prato central

Primeiro prato de assado, um peito de vitela recheada, guarnecida com perdizes, rolas, pombos, lombos, lingüiça, cartuxas de descaídas

Prato de em
p.1das de perũ
sem osso
guarn.

Prato de pa
steis folhados
de gallinha
nevados.

Prato de em
padas de vi
tella guarn.

Prato grande de sopa
de leite, guarnecido,
ou de achar de cabeça
de porco, linguas,
e alfaceas recheadas
com vitella.

Empadas
de lombos de
conserva em
espeto fol.

Tortas de
folhado Frãs
frangaõs, e
descaida.

Pasteis de
peito de perum
fritos.

Empadas de
coelhos guar
necidos.

Empadas
de pombos, e
lombos de por
co guarn.

Pratos à roda

Pratos de empada de peru sem osso, guarnecidos
Pratos de empadas de vitela guarnecidos
Torta de folhado francês, frangões e descaídas
Empadas de coelhos guarnecidas
Empadas de pombos e lombos de porco guarnecidas
Pastéis de peito de peru fritos
Empadas de lombos em conserva em espeto folhado
Prato de pastéis folhados de galinha nevados

Prato central

Prato grande de sopa de leite, guarnecido, ou de achar de cabeça de porco, línguas e alfaces recheadas com vitela

ÚLTIMO CAPÍTULO

De algumas advertências muito necessárias para a inteligência e o bom exercício desta Arte

Primeira advertência. Primeiramente em qualquer capítulo em que se nomearem espécies pretas, entendam por pimenta, cravo-da-índia e noz-moscada, e onde se nomearem todos os adubos, se entenda pimenta, cravo, noz-moscada, canela, açafrão e coentro seco.

Segunda advertência. Advirto mais, que quando a quantidade que fizerem for menos que a referida no capítulo, se há de diminuir nas espécies, e nos mais ingredientes, que conduzem para o mesmo prato, e assim da mesma sorte, sendo a quantidade maior, se hão de aumentar os ingredientes.

Terceira advertência. Advirto mais a todos os senhores que se prezam muito de serem assistidos pelos exercitantes desta arte, que de nenhum modo consintam nas suas cozinhas, nem ainda por moços delas, a negros, mulatos ou qualquer cozinheiro que de sua criação ou inclinação for vil, ou proceder com torpes e depravados costumes, porque lhe confesso hão de comer com muito pouca limpeza, e com muito risco na sua saúde, que assim mo tem mostrado a experiência de muitos anos, e o muito exercício desta minha arte. E se o oficial for limpo, e consigo tiver asseio, da mesma sorte satisfará a sua obrigação, esmerando-se em tudo o que fizer, e tendo ele boa consciência, não faltará a muitas condições a que estão sujeitos os professores desta arte, como é o moderado dispêndio nas fazendas de seus amos, gastando somente o que for necessário à perfeição de sua obra; e juntamente o grande sentido e cuidado que devem ter quando seus amos estiverem enfermos, fazendo a dieta pelo regimento que for dispensado pelo médico que lhe assiste, que em quanto a esta parte me não toca a mim, nem aos mais cozinheiros, a composição do comer, e somente em suma advertirei algumas coisas que nos pertencem, e vêm a ser que, em alguns assados, cozidos, guisados ou massas que lhe forem determinados, fujam de adubos, toucinho, manteigas, e sendo galinhas, não sejam velhas, ou chocas, nem o comer seja requentado pelo muito que é nocivo:

no que tudo deve haver muita vigilância, pelas muitas recaídas que continuamente sucedem ainda aos mais convalescidos, para o que me parece é conveniente não admitir a comprador o mesmo cozinheiro, porque este muitas vezes com os temperos pode disfarçar a podridão, ou má qualidade das carnes, peixes, aves ou qualquer outro gênero de alimentos, sendo tudo em prejuízo da consciência de quem o faz, e muito mais dano na saúde de quem o come.

Quarta advertência. Também me pareceu advertir que, suposto a variedade de tantos temperos, a multidão de tantos guisados e a composição de inumeráveis manjares, sirvam aos homens não só para a titilação do gosto, mas também para o estado de suas mesas e grandezas das pessoas; contudo, esta variedade, multidão e composição é de muito detrimento às compleições, e principalmente àquelas cuja natureza é débil, por serem, quando assim fabricados, mais indigestos, fatigando e debilitando a natural ação do estômago, e todas as vezes que esta se vicia, se destemperam os humores, não se gerando naquela proporção e temperamento que são devidos ao natural, o que continuamente é causa de tantas e tão graves enfermidades, como a experiência tem mostrado, com que venho a deduzir que o mais proveitoso e verdadeiro comer é o bem cozido, e assado, com alguma massa, porém muito pouca e bem-feita, pelo que tem de asma, porque só o uso destas coisas sustentam a conservação devida à natureza, mediante as suas qualidades, por lhe serem assim mais semelhantes.

FIM

ÍNDICE*

das principais coisas que nas três partes desta Arte se ensinam

* Mantivemos, na íntegra, o índice dos originais de Domingos Rodrigues, apenas substituindo as indicações de páginas pelos números correspondentes a esta edição. Assim, as inconsistências da obra ficam aqui evidentes em virtude dos motivos expressos na "Nota do editor".

F I M

GLOSSÁRIO

ABOBORAR

ensopar; conservar quente perto do fogo brando

ACHAR

conserva indiana preparada com frutos, legumes etc.
e geralmente colorida com açafrão

ADEM

ave palmípede; designação genérica para patos em geral

ADUBOS

temperos

AFOGAR

ensopar; refogar

AGRAÇO

suco de uva verde

ÁGUA-DE-FLOR

também conhecida como água-de flor-de-laranjeira, era utilizada para
perfumar os alimentos, hábito culinário comum no período setecentista

ALBARDAR

passar o alimento em ovos para fritar

ALETRIA DE OVOS

fios de ovos

ALFITETE

massa de ovos, açúcar, manteiga ou gordura de porco,
e vinho, com vários usos culinários

ALJÔFAR
pérola miúda

ALMÍSCAR
secreção animal de sabor amargo que exala forte aroma

ALMOJÁVENAS
bolo ou torta de farinha, queijo ou requeijão

ALPERCHES
damascos

ALQUEIRE
cerca de 12 quilos

ÂMBAR
fruto de uma árvore da Índia, de cheiro agradável,
usado na forma de conserva

ARRÁTEL
459 gramas

ARTELETE
bolo feito de carne de várias aves e ovos

BEILHÓS
bolinhos fritos de farinha e abóbora

BOIÃO
vaso bojudo para guardar doces, conservas etc.

BOLO
porção; pedaço

CÂMARAS
diarréia

CAMOÊS
variedade de peras e maçãs

CANADA
cerca de 2 litros

CAPELA DE CHEIROS
buquê de ervas aromáticas

CAPEROTADA
guisado feito com aves previamente assadas

CARAVONADA
carne assada diretamente sobre brasas

CARTUXAS
pequena caixa de massa feita com farinha e água

CENRADA
barrela

CEPO
tronco de madeira grossa em que se trabalhava a carne

CHEIROS
ervas aromáticas para tempero culinário

CHOCO
o mesmo que siba, variedade de polvo

CINCHO/EMPREITA
utensílios usados para espremer a massa do queijo

COALHAR
engrossar

COSTRADA
parte de um alimento tostado, previamente
polvilhado de farinha

COVILHETE
prato ou tigela pequena para servir doces

CRIADILHAS
testículos de porco ou carneiro

DESCAÍDAS
miúdos de aves

DESFEITO
guisado

DESTEMPERAR
adicionar água ou outro líquido para suavizar o sabor

EMPOLA
bolha

ENREDAR
embrulhar o alimento assado em folha de papel e assá-lo de novo

ENTESAR
mergulhar carne ou peixe em água fervente temperada com sal

ENTRITA
papa feita com miolo de pão

ESBRUGAR
descascar

ESPADANA
ponto de calda de açúcar que, ao cair, lembra uma fita

ESPÉCIES
especiarias

ESTALECIDO
asmático; doente dos pulmões

ESTILADO
refere-se tanto a algo muito magro, como
a algo que verte gotas ou que é feito
segundo o bom estilo

ESTIVAR
dispor em camadas

ESTOFAR
encorpar

ESTUFAR
preparar a carne com refogado,
cozinhando a fogo lento em panela tampada

FATIAS
pão fatiado

FIDÉUS
massa em fios, aletria

FILHÓ
bolinho de farinha e ovos frito em óleo e passado
em açúcar e canela ou calda

FRESSURA
conjunto das vísceras mais grossas de
alguns animais (pulmões, fígado, coração etc.)

GIGOTE
guisado feito com carne desfiada, toucinho, manteiga,
vinho, vinagre e cheiros; perna de cabrito ou carneiro assada
ou ensopada e cortada em fatias

GRAL
pilão

GRAXE
gordura

LACÃO
pernil de porco

LAÇO
película produzida por substância gordurosa
na superfície de um líquido

LANCHA
fatia

LÁPARO
filhote de coelho

LARDEAR
entremear uma peça de carne com
fatias de lardo (toucinho)

MAÇÃ
carne bovina localizada logo abaixo do pescoço

MADRE
ovário das aves, oveiro

MANGA
filtro afunilado para líquidos

MANJAR-BRANCO
iguaria feita com arroz, galinha ou peixe, de consistência gelatinosa

MANJAR-REAL
iguaria feita com galinha, farinha e amêndoas

MASSAPÃO
pão de amêndoas pisadas e amassadas com ovos e farinha,
dando massa fina e ligada

MELÍCIAS
morcela doce feita com amêndoas moídas,
açúcar, canela e banha de porco

MOLARES
moles

OBREIA
pasta fina de farinha e água usada para fazer hóstias

OITAVA
cerca de 60 gramas (oitava parte do arrátel)

OLHA
caldo gordo resultante do cozimento de vários legumes e carnes

ONÇA
peso equivalente a 29 gramas

OSSOS DE CORRER
ossos mais grossos das espáduas dos bovinos

PÁ
carne da perna dianteira dos bovinos

PÃO DE RALA
pão de farinha grossa

PASTILHAS
balas

PEDRA-BAZAR
espécie de pedra que se forma no estômago ou intestino de alguns
animais; usada como princípio médico e, muitas vezes, afrodisíaco

PELA

bola; porção; frigideira

PELANGANA

pelanca

PEPITÓRIA

guisado de galinha ou de miúdos de galinha

PERDIGAR

refogar em toucinho

PERDIGOTO

filhote de perdiz

PÊRO

variedade de maçã ou pêra pequena

PERREXIL

erva aromática de folhas carnosas muito usada outrora em conservas

PICATOSTES

recheio feito com carneiro moído, ovos, pão ralado e limão

PINGO

banha derretida, geralmente de porco

PITORA

fatias de lombo guisadas em toucinho e apimentadas

PIVERADA

refogado que leva sal, azeite, vinagre, alho e pimenta

POLME

massa meio líquida

QUARTA

cerca de 125 gramas (quarta parte do arrátel)

QUARTILHO

cerca de meio litro (quarta parte de uma canada)

REDENHO

gordura que recobre o intestino de animais

REPOLEGO
filete de massa retorcido usado para arrematar tortas

REVER
transpirar

SALPICÃO
paio ou chouriço de carne de porco temperado com sal, alho e vinho

SALSA
erva aromática; molho

SALVA
tipo de bandeja redonda e pequena

SIRICAIA
doce cremoso feito com leite, açúcar, ovos e canela

TALHADAS
lascas; fatias

TEAGEM
membrana fina que recobre os miolos

TIGELA DE FOGO
recipiente de barro vidrado, mais estreito na base e largo em cima,
utilizado ainda hoje na preparação específica de alguns pratos portugueses

TITELA
peito das aves

TORRIJAS
rabanada passada em vinho em vez de leite

TREMPE
tripé de ferro em que se assentavam as panelas que iam ao fogo

TÚBERA
testículos de animal; trufa

VERDEAL
variedade de pêro azedo e de azeitonas

VIRGULOSA
variedade de pêra muito suculenta

FLÁVIA QUARESMA

31 receitas atualizadas

Caldo à francesa com enchidos e broa de milho

{SOPA OU POTAGEM À FRANCESA}*

* Abaixo do nome de cada receita da chef Flávia Quaresma, há o nome da receita de Domingos Rodrigues em que ela se baseou.

· INGREDIENTES ·

Para o caldo à francesa

75ML DE AZEITE VIRGEM (4 COLHERES DE SOPA)

400G DE CEBOLA PICADA (2 XÍCARAS)

200G DE ALHO-PORÓ EM CUBOS BEM PEQUENOS (2 UNIDADES)

300G DE FUNCHO EM CUBOS BEM PEQUENOS (5 UNIDADES)

15G DE ALHO ESMAGADO (3 DENTES)

30G DE SALSA LISA (SÓ AS FOLHAS) (1/3 DE MAÇO)

5G DE TOMILHO (1 COLHER DE SOPA)

2 FOLHAS DE LOURO

3G DE PIMENTA-BRANCA EM GRÃO (1 COLHER DE CAFÉ)

500G DE ENCHIDOS PORTUGUESES EM RODELAS (SALPICÃO, ALHEIRA E CHOURIÇO)

500G DE BATATA EM CUBOS PEQUENOS

2 LITROS DE CALDO DE FRANGO CLARO

30G DE COUVE CORTADA EM TIRAS MUITO FINAS (2 MAÇOS)

SAL E PIMENTA-BRANCA MOÍDA, A GOSTO

3G DE NOZ-MOSCADA RALADA (1 COLHER DE CAFÉ)

15ML DE SUCO DE LIMÃO (1 COLHER DE SOPA)

Para a broa de milho

350G DE FARINHA DE TRIGO ESPECIAL PARA PÃES (3 XÍCARAS)

150G DE FUBÁ (1 1/2 XÍCARA)

3G DE SAL (1 1/2 COLHER DE CAFÉ)

2G DE ERVA-DOCE (1 COLHER DE CAFÉ)

70G DE AÇÚCAR (6 COLHERES DE SOPA)

50G DE MANTEIGA (2 1/2 COLHERES DE SOPA)

1 OVO

170ML DE ÁGUA (3/4 DE XÍCARA)

30G DE FERMENTO FRESCO (2 COLHERES DE SOPA)

· RENDIMENTO ·
6 PORÇÕES

· PREPARO ·

Para o caldo à francesa

*Numa panela, esquentar o azeite e suar a cebola, o alho-poró,
o funcho, o alho, a salsa, o tomilho e o louro.
Acrescentar a pimenta e deixar refogar mais um pouco.
Juntar os enchidos e as batatas. Em seguida,
acrescentar o caldo de frango e mexer bem.
Aumentar o fogo para levantar fervura e depois abaixar
para que o processo de cozimento seja o mais lento possível,
de 40 minutos a 1 hora. Os temperos vão se desfazer no caldo
e a batata fará o papel de espessante.
Temperar com sal, pimenta e noz-moscada e finalizar com
o suco de limão. No último momento adicionar a couve.*

Para a broa de milho

*Juntar todos os ingredientes e sovar bem até obter uma massa bem fofa.
Bolear a massa em porções de 30g, ou fazer pães
maiores, de 150g, para servir em fatias.
Descansar até dobrar de volume e assar no forno a 180 °C
por 10 minutos para os pães os pequenos,
ou 20 minutos para os grandes.*

· FINALIZAÇÃO ·

Servir o caldo em pratos de sopa acompanhados da broa de milho.

Consommé e creme de fígado de pato com ovos de codorna estrelados

{ALMÔNDEGAS DE CARNEIRO}

· INGREDIENTES ·

Para o consommé de pato

80G DE CEBOLA PICADA (4 COLHERES DE SOPA)

50ML DE AZEITE DE OLIVA VIRGEM (2 1/2 COLHERES DE SOPA)

10G DE ALHO, SEM SEMENTE, PICADO (2 DENTES)

5G DE SAL (1 COLHER DE CHÁ)

4G DE AÇÚCAR (1 COLHER DE CHÁ)

1G DE TOMILHO, SÓ AS FOLHAS (RESERVAR OS GALHOS) (1 COLHER DE CHÁ)

1G DE ALECRIM, SÓ AS FOLHAS (RESERVAR OS GALHOS) (1 COLHER DE CHÁ)

2,5G DE PIMENTA-BRANCA (10 GRÃOS)

2 LITROS DE CALDO DE PATO ESCURO

200G DE TOMATE PICADO GROSSEIRAMENTE (2 UNIDADES MÉDIAS)

4 CLARAS

Para creme de fígado de pato

200G DE FÍGADO DE PATO

300G DE CREME DE LEITE (1 1/4 DE XÍCARA)

2 GEMAS

SAL E PIMENTA-BRANCA MOÍDA, A GOSTO

Para os ovos de codorna estrelados

8 OVOS DE CODORNA

5ML DE AZEITE DE OLIVA (1 COLHER DE CHÁ)

SAL E PIMENTA BRANCA MOÍDA, A GOSTO

Para guarnecer

16 TORRADAS DE BRIOCHE REDONDAS DE APROXIMADAMENTE 5CM DE DIÂMETRO

8 TALOS DE CIBOULETTE

40 FOLHAS DE ORÉGANO FRESCO

· UTENSÍLIOS NECESSÁRIOS ·

CONCHA, PENEIRA FINA, PROCESSADOR DE ALIMENTOS,
LIQÜIDIFICADOR, FORMAS DE SILICONE OVAL DE 4,5CM,
REFRATÁRIOS, PAPEL LAMINADO, TIGELA PEQUENA, PRATO DE SOPA,
FORMAS DE SILICONE PARA TARTELETTE.

· RENDIMENTO ·

8 PORÇÕES

· PREPARO ·

Para o consommé de pato

Numa panela, suar a cebola no azeite de oliva.
Adicionar o alho, o sal, o açúcar, as especiarias e as ervas.
Cobrir com o caldo e deixar ferver.
Retirar as impurezas delicadamente com uma concha.
Abaixar o fogo e cozinhar lentamente por 30 minutos.
Coar numa peneira fina. Resfriar imediatamente.
Enquanto isso, bater no processador de alimentos o tomate
com os galhos das ervas e as claras.
Misturar ao caldo de pato. Levar ao fogo, deixar
levantar fervura e retirar as impurezas.
Abaixar o fogo e deixar cozinhar por 10 minutos.
Passar novamente numa peneira fina.
Gelar rapidamente. Temperar com sal, se necessário.
Deverá ser um caldo límpido e brilhante de cor âmbar.

Para creme de fígado de pato

Limpar o fígado de pato retirando as vísceras
e quaisquer bolsas de sangue que tenham restado.
Picar em cubos e reservar.
Aquecer em uma panela o creme de leite e juntar as gemas e o fígado.
Bater muito bem no liqüidificador, temperar com sal
e pimenta e passar por uma peneira fina.

Despejar essa mistura em formas de silicone oval de 4,5cm.
Serão 2 unidades por pessoa.
Levar ao forno em banho-maria a 100°C por
1 hora e meia ou até que esteja bem firme.
Reservar em temperatura ambiente até que resfrie
e então acondicionar na geladeira.
Obs.: O creme de fígado pode ser feito
em pequeninas formas refratárias.

Para os ovos de codorna estrelados

Untar as formas de silicone para tartelette com azeite. Quebrar e
dispor cuidadosamente os ovos de codorna. Temperar com sal e pimenta.
Levar ao forno a 100°C até ficarem com a clara dura, porém mantendo
a gema macia. Aproximadamente 4 minutos.

· FINALIZAÇÃO ·

No momento de servir, aquecer o consommé de pato.
Colocar num prato de sopa uma boa concha de consommé,
centralizar uma unidade de creme de fígado, cobrir com
uma torrada de brioche, dispor outra unidade de creme de fígado
e mais uma torrada. Terminar colocando sobre a torrada o
ovo de codorna estrelado. Decorar colocando folhinhas de orégano no
caldo e apoiando uma ciboulette no ovo de codorna.

Crocante de aspargos com azeite de trufas

{TORTA DE ASPARGOS}

· INGREDIENTES ·

Para o creme de aspargos com azeite de trufas

20G DE MANTEIGA SEM SAL (1 COLHER DE SOPA)

50G DE CEBOLA PICADINHA (2 1/2 COLHERES DE SOPA)

8G DE ALHO PICADINHO (1 1/2 DENTE)

500G DE ASPARGOS VERDES (APROXIMADAMENTE 50 UNIDADES)

15G DE AMIDO DE MILHO (1 COLHER DE SOPA)

250ML DE LEITE FRIO (1 COPO)

250ML DE CALDO DE LEGUMES (1 COPO)

SAL E PIMENTA-BRANCA MOÍDA, A GOSTO

3G DE NOZ-MOSCADA (1 COLHER DE CAFÉ)

40ML DE AZEITE DE TRUFAS (2 COLHERES DE SOPA)

Para o crocante de massa phyllo

12 FOLHAS DE MASSA PHYLLO DE 20CM X 30CM

100G DE MANTEIGA CLARIFICADA (5 COLHERES DE SOPA)

SAL A GOSTO

Para decorar

25G DE GRANA PADANO EM LASCAS FINAS (4 COLHERES DE SOPA)

PIMENTA-DO-REINO BRANCA MOÍDA

· UTENSÍLIOS NECESSÁRIOS ·

LIQÜIDIFICADOR, PENEIRA, PLACA DE CORTE,

PINCEL, FORMINHAS DE ALUMÍNIO.

· RENDIMENTO ·

24 PORÇÕES

Para o creme de aspargos com azeite de trufas

Cortar os aspargos verdes, separando metade das pontas
e picando os talos e o restante das pontas.
Numa panela, suar na manteiga a cebola, o alho e
acrescentar os talos picados dos aspargos.
À parte, dissolver o amido de milho no leite frio.
Acrescentar ao refogado de aspargos o caldo de legumes e o leite.
Cozinhar em fogo médio para que os aspargos cozinhem lentamente.
Quando estiverem bem macios, bater essa mistura no liqüidificador.
Passar a mistura por uma peneira e levar
novamente ao fogo baixo para reduzir e ficar mais espessa.
Temperar com sal, pimenta e noz-moscada.
Adicionar o azeite de trufas. Reservar.
Cortar as pontas de aspargos reservadas em lâminas
e cozinhar al dente em água salgada. Esfriar imediatamente
em água bem fria. Escorrer e reservar.

Para o crocante de massa phyllo

Sobre uma placa de corte untada com manteiga
clarificada, dispor uma folha de massa phyllo.
Pincelar toda a superfície da massa com manteiga clarificada
e sobrepor mais uma folha de massa, e assim por diante,
até obter três camadas de massa.
Cortar a massa em quadrados de 10cm x 10cm.
Colocar os quadrados em forminhas de alumínio para fazer
copinhos de massa phyllo. Ajustar bem às formas e levar ao forno
a 160 °C até que estejam bem crocantes e dourados.

· FINALIZAÇÃO ·

Aquecer os copinhos de phyllo e o creme de aspargos separadamente.
Rechear os copinhos com o creme. Decorar cada crocante com uma
lasca de grana padano. Polvilhar pimenta-branca.

Empada de vitela com shiitake

{EMPADAS DE CARNEIRO}

· INGREDIENTES ·

Para o recheio de vitela com shiitake

30ML DE ÓLEO DE GIRASSOL (2 1/2 COLHERES DE SOPA)

500G DE PERNIL DE VITELA EM CUBINHOS

SAL E PIMENTA-BRANCA MOÍDA, A GOSTO

200ML DE VINHO MADEIRA (1 XÍCARA)

40G DE FARINHA DE TRIGO (1/3 DE XÍCARA)

1 LITRO DE CALDO DE VITELA

100G DE CREME DE LEITE (2/4 DE XÍCARA)

100G DE CEBOLAS PEQUENAS PARA FAZER CONSERVA (10 UNIDADES)

12G DE MANTEIGA (1 COLHER DE SOBREMESA)

12G DE AÇÚCAR (1 COLHER DE SOPA)

400ML DE ÁGUA (2 XÍCARAS)

1G DE SAL (1/2 COLHER DE CAFÉ)

5G DE TOMILHO PICADO (1 COLHER DE SOPA)

100G DE SHIITAKE EM LÂMINAS (1 1/2 XÍCARA)

Para a massa básica para empadas

400G DE FARINHA DE TRIGO (4 XÍCARAS)

8G DE FERMENTO QUÍMICO (1 COLHER DE CHÁ)

120G DE MANTEIGA SEM SAL GELADA (6 COLHERES DE SOPA)

2 OVOS INTEIROS

SAL A GOSTO

· UTENSÍLIOS NECESSÁRIOS ·

FRIGIDEIRA ANTIADERENTE, FILME PLÁSTICO,

ROLO DE ABRIR MASSA,

FORMAS DE EMPADA DE 5CM DE DIÂMETRO.

· RENDIMENTO ·

20 UNIDADES

Para o recheio de vitela com shiitake

Aquecer uma frigideira com 2 colheres de sopa de óleo de girassol.
Selar os cubos de carne temperando-os com sal e pimenta.
Retirar as carnes da frigideira e o excesso de óleo.
Acrescentar o vinho madeira. Deixar ferver e reservar.
Aquecer a mesma frigideira com 1/2 colher de sopa de óleo de girassol,
colocar os cubinhos de carne e, em seguida, salpicar a farinha de trigo.
Mexer bem, acrescentar o vinho reservado e o caldo de vitela.
Depois de levantar fervura, abaixar o fogo, acrescentar
o creme de leite e deixar cozinhar lentamente. Mexer eventualmente
para que a carne cozinhe de forma homogênea.
Colocar numa panela as cebolinhas descascadas, cobrir com água
e acrescentar a manteiga, o sal e o açúcar. Levar ao fogo
médio e deixar cozinhar até que a água seque e as cebolas
fiquem caramelizadas. Atenção para não pegar muita cor.
Quando a vitela estiver bem macia, acrescentar
as cebolas caramelizadas e cortadas ao meio, o tomilho
e o shiitake em lâminas. Verificar o sal e a pimenta.
Acrescentar um pouco mais se necesário. Reservar.

Para a massa

Preparar uma farofa com a farinha, o fermento e a manteiga.
Acrescentar os ovos e mexer até obter uma massa homogênea e lisa.
(Não sovar demais para que ela não fique elástica.)
Deixar descansar por 1 hora coberta com filme plástico na geladeira.
Abrir a massa, com o auxílio de um rolo, na espessura de 0,2cm.
Forrar as formas de empada. Cobrir com o recheio previamente frio
e fechar com mais uma camada de massa por cima.
Finalizar unindo as bordas da massa delicadamente.
Misturar os ovos. Pincelar a parte superior das empadas
com essa mistura e assar no forno a 180 °C por 20 minutos,
ou até que esteja dourada.

Mexilhões em achar

{MEXILHÕES EM ACHAR}

· INGREDIENTES ·

Para os mexilhões

10ML DE AZEITE DE OLIVA (1/2 COLHER DE SOPA)

50G DE CEBOLA PICADA (2 1/2 COLHERES DE SOPA)

40G DE ALHO-PORÓ PICADO (1/2 UNIDADE)

30G DE AIPO PICADO (1 GALHO)

8G DE ALHO, SEM SEMENTE, PICADO (2 DENTES)

40G DE CENOURA PICADA (1/3 DE UNIDADE MÉDIA)

1KG DE MEXILHÕES FRESCOS, COM CASCA E LAVADOS

1 FOLHA DE LOURO FRESCO

10G DE TOMILHO FRESCO (3 GALHOS)

5G DE SALSA (1 COLHER DE SOPA)

375ML DE VINHO BRANCO SECO (1 1/2 COPO)

Para o achar (conserva)

50ML DE VINAGRE DE VINHO BRANCO (1/4 DE XÍCARA)

200ML DE CALDO DE MEXILHÕES (1 XÍCARA)

2G DE CANELA EM PAU (1 UNIDADE)

10G DE GENGIBRE EM RODELAS FINAS (1 COLHER DE SOPA)

10G DE MOSTARDA EM GRÃOS (1 COLHER DE SOPA)

15G DE PIMENTA-DO-REINO EM GRÃOS QUEBRADOS (1 COLHER DE SOPA)

3G DE NOZ-MOSCADA QUEBRADA (1/2 UNIDADE)

SAL A GOSTO

100ML DE AZEITE EXTRAVIRGEM (1/2 XÍCARA)

· UTENSÍLIO NECESSÁRIO ·

PENEIRA

· RENDIMENTO ·

4 PORÇÕES

· PREPARO ·

Para os mexilhões

Numa panela, aquecer o azeite de oliva e suar a cebola,
o alho-poró, o aipo, o alho e a cenoura. Acrescentar os
mexilhões, o louro, o tomilho e a salsa. Refogar bem e então
adicionar o vinho. Quando os mexilhões abrirem,
remover a panela do fogo. Retirar os mexilhões das cascas
e reservá-los. Peneirar o caldo e resfriar.

Para o achar

Levar para ferver o vinagre, o caldo do cozimento
dos mexilhões e as especiarias. Fazer uma infusão por 15 minutos
e temperar com sal, se necessário. Passar esse líquido
por uma peneira e devolvê-lo a uma panela. Acrescentar os
mexilhões pré-cozidos cuidando para que o caldo os cubra totalmente.
Regar com azeite por cima e refrigerar.
Deixar repousar por 2 dias para que os sabores se acentuem
e então estará pronto para o consumo.

Pastel de cordeiro com especiarias

· INGREDIENTES ·

Para o mix de especiarias

40G DE COMINHO EM SEMENTE (8 COLHERES DE SOPA)

40G DE ALCARAVIA (8 COLHERES DE SOPA)

40G DE COENTRO EM GRÃO (7 COLHERES DE SOPA)

5G DE PIMENTA-DE-CAIENA (1 COLHER DE CHÁ)

10G DE CÚRCUMA EM PÓ (1 COLHER DE SOPA)

Para o recheio de cordeiro com especiarias

35ML DE AZEITE DE OLIVA VIRGEM (1 1/2 COLHER DE SOPA)

60G DE CEBOLA PICADINHA (3 COLHERES DE SOPA)

6G DE ALHO PICADINHO (1 DENTE)

400G DE PERNIL DE CORDEIRO MOÍDO

3G DE TOMILHO (1 GALHO)

1 FOLHA DE LOURO

15G DE MOSTARDA DE DIJON (2 COLHERES DE SOPA)

30ML DE MOLHO INGLÊS (2 COLHERES DE SOPA)

9G DE MIX DE ESPECIARIAS (1 COLHER DE SOPA)

500ML DE CALDO DE VITELA REDUZIDO (2 XÍCARAS)

SAL E PIMENTA-DO-REINO, A GOSTO

2 OVOS COZIDOS PICADINHOS

5G DE SALSA PICADINHA (1 COLHER SOPA)

Para a massa de pastel assado

150G DE MANTEIGA SEM SAL (7 1/2 COLHERES DE SOPA)

2 OVOS

60ML DE LEITE (4 COLHERES DE SOPA)

60G DE IOGURTE NATURAL (4 COLHERES DE SOPA)

400G DE FARINHA DE TRIGO (3 1/3 DE XÍCARA)

12G DE FERMENTO EM PÓ (1 COLHER DE SOBREMESA)

10G DE SAL (1 COLHER DE SOBREMESA)

SEMENTES DE PAPOULA, PARA SALPICAR

· RENDIMENTO ·

30 PORÇÕES

· UTENSÍLIOS NECESSÁRIOS ·

FRIGIDEIRA ANTIADERENTE, LIQÜIDIFICADOR,

PENEIRA, FILME PLÁSTICO, ROLO,

ARO DE INOX DE 7CM DE DIÂMETRO,

PINCEL.

· PREPARO ·

Para o mix de especiarias

Numa frigideira antiaderente aquecida,
colocar as especiarias separadamente e deixar tostar
levemente em fogo baixo até que comecem
a estalar e soltar os aromas.
Reservar até esfriar.
Bater no liqüidificador a fim de se obter um pó bem fino.
Se necessário, peneirar.
Manter em local arejado e seco.

Para o recheio de cordeiro

Colocar caldo de vitela em uma panela, levar ao fogo
e deixar reduzir lentamente até a metade do volume.
Numa panela, esquentar o azeite e suar a cebola e o alho.
Acrescentar a carne moída, mexendo até refogar bem.

Adicionar os temperos e os condimentos, mexer bem e
acrescentar aos poucos o caldo de vitela reduzido.
Deixar cozinhar, mexendo de vez em quando.
Ajustar o sal e a pimenta-do-reino.
Por último, adicionar o ovo e a salsa.
Resfriar imediatamente.

Para a massa de pastel
Misturar a manteiga em temperatura
ambiente com os ovos, o leite e o iogurte.
Acrescentar aos poucos a farinha de trigo, o fermento e o sal.
Misturar, sem trabalhar muito, a massa.
Bater o suficiente para misturar todos os ingredientes.
Bolear e cobrir com um filme plástico.
Deixar descansar por 1 hora na geladeira.
Abrir a massa com o rolo, cortar com um aro de inox
de 7cm de diâmetro, rechear, dobrar os pastéis,
unir as pontas com o auxílio de um garfo ou fazer
a dobra trançada nas bordas.
No momento de levar ao forno para cozinhar,
pincelar os pastéis com o ovo batido, salpicar sementes de papoula
e levar ao forno a 180°C até ficarem dourados e cozidos.

Peixe ao escabeche

{ESCABECHE}

Para o peixe

400G DE LINGUADO EXTREMAMENTE FRESCO

SAL E PIMENTA-BRANCA, A GOSTO

100G DE FARINHA DE TRIGO (1 XÍCARA RASA)

1 LITRO DE ÓLEO DE CANOLA

Para o escabeche

250ML DE AZEITE DE OLIVA (1 1/3 DE XÍCARA)

8G DE ALHO PICADO (2 DENTES PEQUENOS)

10G DE GENGIBRE EM TIRAS FINAS (1 COLHER DE SOPA)

2 CRAVOS

3G DE PÁPRICA DOCE (1 COLHER DE CHÁ)

2 FOLHAS DE LOURO

50ML DE VINAGRE DE VINHO BRANCO (1/4 DE XÍCARA)

100ML DE SUCO DE LIMA (1/2 XÍCARA)

100ML DE SUCO DE LIMÃO SICILIANO (1/2 XÍCARA)

15G DE PIMENTA-PRETA EM GRÃOS (1 COLHER DE SOPA)

SAL A GOSTO

5G DE SALSA PICADINHA (1 COLHER DE SOPA)

Para a decoração

MINIAGRIÃO

TIRAS DE CASCA DE LIMÃO SICILIANO E LIMA

· UTENSÍLIO NECESSÁRIO ·

FRIGIDEIRA ANTIADERENTE

· RENDIMENTO ·

4 PORÇÕES

· PREPARO ·

Para o peixe

Cortar as postas de peixe em lâminas de 1cm de espessura.
Temperar com sal e pimenta e passar pela farinha de trigo.
Em seguida, fritar por imersão lentamente para
que o peixe cozinhe. Retirar da frigideira e colocar sobre uma peneira
para escorrer. Passar para um recipiente com profundidade.

Para o escabeche

Com um fio de azeite, refogar rapidamente o alho e o gengibre.
Acrescentar então os temperos e as especiarias. Juntar o vinagre, os
sucos de lima e de limão. Temperar com sal, pimenta e salsa picadinha.
Dispor esse molho ainda quente sobre as lâminas de peixe.
Cobrir com o azeite restante.
Servir quente ou frio acompanhado de fatias de pão rústico.

· MONTAGEM ·

Numa taça, colocar no fundo um pouco de miniagrião.
Dispor as fatias de peixe em escabeche e um pouco de caldo.
Finalizar colocando alguns ramos de miniagrão
e tirinhas de limão e lima.

Arroz de cordeiro com perfumes do Império

{CARNEIRO COM ARROZ}

· INGREDIENTES ·

Para o cordeiro

10G DE PIMENTA-PRETA EM GRÃO (1 COLHER DE SOPA)

5G DE PIMENTA-BRANCA EM GRÃO (1 COLHER DE SOBREMESA)

5G DE PIMENTA-DA-JAMAICA (1 COLHER DE SOBREMESA)

5G DE COENTRO EM GRÃO (1 COLHER DE SOBREMESA)

5G DE ZIMBRO EM GRÃO (1 COLHER DE SOBREMESA)

6G DE ANIS-ESTRELADO QUEBRADO (3 UNIDADES)

1,2KG PERNIL DE CORDEIRO (JÁ LIMPO, APENAS COM O OSSO PRINCIPAL)

20G DE ALHO CORTADOS EM DOIS, SEM SEMENTE (4 DENTES)

150G DE CEBOLA PICADA (3/4 DE XÍCARA)

120G DE ALHO-PORÓ PICADO (1 1/2 UNIDADE)

100G DE AIPO PICADO (10 GALHOS PEQUENOS)

100G DE CENOURA PICADA (1 UNIDADE PEQUENA)

10G DE TOMILHO (3 GALHOS)

20G DE TALOS DE SALSA SEM AS FOLHAS (2 COLHERES DE SOPA)

2 FOLHAS DE LOURO

180ML DE MEL DE FLOR DE LARANJEIRA (12 COLHERES DE SOPA)

150ML DE AZEITE DE OLIVA (3/4 DE XÍCARA)

SAL E PIMENTA-DO-REINO MOÍDA NA HORA, A GOSTO

10G DE CANELA EM PAU (1 UNIDADE)

3 CRAVOS

2G DE CASCA DE LARANJA (3 CM)

Para o arroz

50ML DE AZEITE DE OLIVA (2 1/2 COLHERES DE SOPA)

60G DE CEBOLA PICADINHA (1 UNIDADE PEQUENA)

4G DE PIMENTA-DEDO-DE-MOÇA PICADINHA (1 UNIDADE PEQUENA)

30G DE GENGIBRE PICADINHO (3 COLHERES DE SOPA)

2G DE AÇAFRÃO EM PISTILOS (1 PITADA)

600G DE PERNIL DE CORDEIRO DESFIADO

100G DE AZEITONA PRETA CHILENA EM TIRAS FINAS (1 XÍCARA)

200G DE BRÓCOLIS AMERICANO PRÉ-COZIDO (2 XÍCARAS)

800G DE ARROZ COZIDO (5 XÍCARAS)

200ML DE CALDO DE FRANGO (1 XÍCARA)

10G DE SALSA FRESCA PICADA (2 COLHERES DE SOPA)

SAL E PIMENTA-DO-REINO, A GOSTO

30G DE ALHO EM LÂMINA FRITO (6 DENTES)

· UTENSÍLIOS NECESSÁRIOS ·

PAPEL-ALUMÍNIO, LINHA DE COZINHA,
FRIGIDEIRA ANTIADERENTE OU PANELA GRANDE.

· RENDIMENTO ·

8 PORÇÕES

· PREPARO ·

Para o cordeiro

Preparar o mix de especiarias (pimentas, coentro em grão,
zimbro, anis e canela em pau) e os legumes.
Colocar na cavidade do pernil um pouco do mix,
um dente de alho cortado, um pouco de tomilho
e de salsa, 1/2 folha de louro, 30ml de mel,
a casca de laranja e um pouco da mistura dos legumes.
Misturar os temperos e legumes restantes.
Espalhar por todo o pernil 120ml de azeite e 150ml de mel.
Colocar esse pernil numa assadeira untada com
30ml de azeite de oliva e metade da mistura de legumes e temperos.
Cobrir o pernil com o restante dessa mistura.
Cobrir com papel-alumínio e levar para a geladeira
por pelo menos 12 horas.
Virar o pernil de vez em quando
para que todos os lados possam pegar o sabor
da mistura de temperos, legumes e mel.

Retirar todo o excesso de legumes e temperos do pernil,
temperar com sal e pimenta-do-reino. Amarrar com
uma linha para dar um belo formato.
Selar o pernil num tabuleiro no fogo bem quente,
retirar o excesso de líquido do tabuleiro, colocar o pernil
sobre o mix de legumes e especiarias.
Derramar o mel restante sobre o pernil e levá-lo ao
forno a 160 °C, por aproximadamente 45 minutos.
A cada 10 minutos, regar o pernil com o líquido excedente
do tabuleiro. Assim que estiver cozido, deixar esfriar
e desfiar toda a carne. Reservar.

Para o arroz de cordeiro

Numa frigideira ou panela grande, aquecer o azeite
e suar a cebola, a pimenta-dedo-de-moça, o gengibre e o açafrão.
Acrescentar então o pernil de cordeiro desfiado, saltear bem,
acrescentar as azeitonas, o brócolis e por fim o arroz.
Mexer delicadamente para que o arroz não se quebre.
Adicionar caldo de frango ou carne aquecido suficiente para
proporcionar um pouco de umidade ao preparo, juntar
a salsa picada e temperar com sal e pimenta.
Na hora de servir, salpicar as lâminas de alho crocantes.

Cherne grelhado sobre mousseline de espinafre e espuma de mexilhões

{PEIXE FRITO, GUARNECIDO COM MEXILHÕES DE AVEIRO}

· INGREDIENTES ·

Para a mousseline

400G DE BATATA DESCASCADA CORTADA EM CUBOS

100G DE CREME DE LEITE FRESCO AQUECIDO (1/2 XÍCARA)

100G DE ESPINAFRE BRANQUEADO (2 XÍCARAS)

SAL E PIMENTA-DO-REINO BRANCA, A GOSTO

Para o cherne

720G DE CHERNE (4 PORÇÕES DE 180G)

SAL E PIMENTA-DO-REINO BRANCA MOÍDA, A GOSTO

40ML DE AZEITE DE OLIVA VIRGEM (2 COLHERES DE SOPA)

Para os mexilhões

5ML DE AZEITE DE OLIVA (1/4 DE COLHER DE SOPA)

25G DE CEBOLA PICADA (1 1/2 COLHER DE SOPA)

20G DE ALHO-PORÓ PICADO (1/4 DE UNIDADE)

15G DE AIPO PICADO (1 1/2 GALHO)

5G DE ALHO SEM SEMENTE CORTADO EM LÂMINAS (1 DENTE)

20G DE CENOURA PICADA (1/6 DE UNIDADE PEQUENA)

500G DE MEXILHÃO FRESCO (COM CASCA E LAVADO)

1/2 FOLHA DE LOURO FRESCO

4G DE TOMILHO FRESCO (1 1/2 GALHO)

2,5G DE TALO DE SALSA (1/2 COLHER DE SOPA)

200ML DE VINHO BRANCO (1 XÍCARA)

1 PITADA DE AÇAFRÃO

500G DE CREME DE LEITE FRESCO (2 XÍCARAS)

SAL E PIMENTA-DO-REINO BRANCA MOÍDA A GOSTO

Para decoração

FOLHAS DE MINIESPINAFRE

· UTENSÍLIOS NECESSÁRIOS ·

LIQÜIDIFICADOR, PROCESSADOR DE ALIMENTOS,
PENEIRA, FRIGIDEIRA ANTIADERENTE, CONCHA.

· RENDIMENTO ·

4 PORÇÕES

· PREPARO ·

Para a mousseline de espinafre

*Numa panela, levar as batatas para cozinhar em
água abundante até que estejam macias.
Bater no liqüidificador o creme de leite e o
espinafre até obter um creme bem liso.
Num processador, colocar as batatas cozidas e o creme
de espinafre e bater bem até dar o ponto da mousseline.
Se necessário, passar por uma peneira fina para ficar mais leve.
Temperar com sal e pimenta e reservar.*

Numa panela, aquecer o azeite de oliva e suar a cebola,
o alho-poró, o aipo, o alho e a cenoura.
Acrescentar o mexilhão, o louro, o tomilho e a salsa,
refogar bem e então adicionar o vinho branco.
Quando os mexilhões abrirem, apagar o fogo,
retirá-los da água e reservá-los.
Peneirar o caldo, colocá-lo numa panela e adicionar a pitada de açafrão.
Levar ao fogo e deixar reduzir a 1/4.
Acrescentar o creme de leite, deixar ferver e abaixar o fogo.
Reduzir o volume mais um pouco e bater
tudo muito bem no liqüidificador.
Temperar com sal e pimenta-do-reino branca.

Para o cherne

Temperar o cherne com sal e pimenta-do-reino branca.
Numa frigideira antiaderente, esquentar bem
o azeite para selar as porções o peixe.
Momentos antes de servir, levar o cherne
ao forno a 180°C por 7 minutos.

· FINALIZAÇÃO ·

Aquecer a mousseline de espinafre, os mexilhões
e a espuma. Colocar a mousseline no centro do prato e puxar
com uma colher dando o formato de uma gota.
Dispor o peixe sobre a mousseline e, sobre o peixe,
colocar os mexilhões, deixando alguns ao lado do cherne.
Bater a espuma no liqüidificador e, com uma concha,
retirar apenas a parte superior.
Colocar essa espuma ao lado do peixe.
Decorar com folhas de miniespinafre.

Codorna com molho de uvas verdes e arroz com cúrcuma e amêndoas

{PATO COM MOLHO}

· INGREDIENTES ·

Para o arroz com cúrcuma e amêndoas

250G DE ARROZ BASMATI (2 XÍCARAS)

30ML DE AZEITE DE OLIVA (1 1/2 COLHER DE SOPA)

50G DE CEBOLA PICADINHA (1 UNIDADE PEQUENA)

25G DE GENGIBRE (2 1/2 COLHERES DE SOPA)

4G DE PIMENTA-DEDO-DE-MOÇA PICADINHA (1 UNIDADE PEQUENA)

3G DE CARDAMOMO MOÍDO (1 COLHER DE CHÁ)

3G DE CÚRCUMA EM PÓ (1 COLHER DE CHÁ)

1 FOLHA DE LOURO

5G DE CANELA EM PAU (1/2 UNIDADE)

375ML DE CALDO DE LEGUMES OU FRANGO (2 XÍCARAS)

5G DE COENTRO FRESCO PICADO (1 COLHER DE SOPA)

5G DE HORTELÃ EM TIRAS BEM FINAS (1 COLHER DE SOPA)

70G DE PASSAS BRANCAS (4 1/2 COLHERES DE SOPA)

70G DE AMÊNDOAS EM LÂMINA TOSTADAS (7 COLHERES DE SOPA)

Para o molho de uvas verdes ao marsala

10G DE PIMENTA-PRETA EM GRÃO (1 COLHER DE SOBREMESA)

300ML DE VINHO MARSALA (1 1/3 DE XÍCARA)

2G DE TOMILHO FRESCO (1 GALHO)

4G DE ORÉGANO FRESCO (1 GALHO)

60G DE CEBOLA ROXA PICADA (1 UNIDADE PEQUENA)

3G DE ALHO, SEM SEMENTE (1 DENTE PEQUENO)

10G DE AÇÚCAR MASCAVO (1 COLHER DE SOPA)

200ML DE CALDO DE VITELA BEM REDUZIDO (1 XÍCARA)

200ML DE CALDO DE FRANGO (1 XÍCARA)

500ML DE SUCO PENEIRADO DE UVAS VERDES SEM CAROÇO (2 1/2 XÍCARAS)

50G DE MANTEIGA SEM SAL CORTADA EM CUBINHOS (2 1/2 COLHERES DE SOPA)

SAL E PIMENTA-DO-REINO, A GOSTO

Para as codornas

130G DE CODORNAS DESOSSADAS (4 UNIDADES)

SAL E PIMENTA-BRANCA MOÍDA, A GOSTO

70ML DE ÓLEO DE GIRASSOL (6 COLHERES DE SOPA)

30G DE MANTEIGA SEM SAL (1 1/2 COLHERES DE SOPA)

Para decorar

GALHOS DE ALECRIM

UVAS VERDES

AMÊNDOAS EM LÂMINAS

· UTENSÍLIOS NECESSÁRIOS ·

FRIGIDEIRA, PENEIRA, LINHA DE

COZINHA, TABULEIRO.

· RENDIMENTO ·

4 PORÇÕES

· PREPARO ·

Para o arroz com cúrcuma e amêndoas

Lavar bem o arroz basmati e colocá-lo de molho em
água fria salgada durante 30 minutos.
Suar no azeite de oliva a cebola com o gengibre, a
pimenta-dedo-de-moça, o cardamomo, a cúrcuma, o louro e a canela.
Escorrer o arroz e levar à panela para refogar.
Em seguida, adicionar o caldo de legumes quente
e deixar cozinhar por 15 minutos.
Retirar do fogo e deixar repousar por 10 minutos.
No momento de servir, acrescentar o coentro, a hortelã,
as passas previamente hidratadas e as amêndoas em lâmina.

Para o molho de uvas verdes ao Marsala

Aquecer bem uma frigideira e colocar os grãos de pimenta
para que eles possam aquecer e liberar seus aromas.
Numa panela colocar o vinho, o tomilho, o orégano, a cebola, o alho,
os grãos de pimenta-preta aquecidos e o açúcar mascavo.
Levar ao fogo alto para ferver e evaporar o excesso de álcool.
Abaixar o fogo e deixar reduzir lentamente até a metade.
Acrescentar os caldos e o suco de uva verde peneirado e
mais uma vez deixar reduzir lentamente a 1/3.
Adicionar então a manteiga para dar consistência e aveludar o molho.
Peneirar e temperar com sal e pimenta, se necessário.

Para as codornas

Temperar as codornas com sal e pimenta e
amarrar as pernas e asas com uma linha.
Esquentar bem uma frigideira com o óleo e a manteiga.
Selar as codornas, passá-las para o tabuleiro e levar ao forno
a 180 °C, por aproximadamente 12 minutos.

· FINALIZAÇÃO ·

Numa travessa, dispor o arroz com cúrcuma.
Colocar as codornas por cima. Decorar com galhos de
alecrim, uvas e lâminas de amêndoas; Servir o molho
numa molheira à parte.

Coelho real com tagliatelle de pupunha "Atala"

· INGREDIENTES ·

Para a marinada do coelho

1ª ETAPA

1,4KG DE COELHO, CORTADO EM 7 PARTES

70G DE CEBOLA PICADA (1 UNIDADE PEQUENA)

40G DE CENOURA PICADA (1/3 DE UNIDADE PEQUENA)

30G DE AIPO PICADO (3 GALHOS)

40G DE ALHO-PORÓ PICADO (1/2 UNIDADE)

15G DE ALHO, SEM SEMENTE (3 DENTES)

20G DE TOMILHO (6 GALHOS)

6G DE SALSA EM TALOS, SEM AS FOLHAS (1 COLHER DE SOPA)

6G DE PIMENTA-BRANCA (30 GRÃOS)

6G DE ZIMBRO (30 GRÃOS)

300ML DE VINHO BRANCO (1 1/3 DE XÍCARA)

50G DE MOSTARDA DE DIJON (2 COLHERES DE SOPA RASAS)

SAL E PIMENTA-BRANCA MOÍDA, A GOSTO

50ML DE ÓLEO DE CANOLA OU GORDURA DE PATO (4 COLHERES DE SOPA)

2ª ETAPA

LEGUMES DA MARINADA, A GOSTO

1,5 LITRO DE CALDO DE FRANGO

80G DE CREME DE LEITE FRESCO (5 COLHERES DE SOPA)

SAL E PIMENTA-DO-REINO MOÍDA, A GOSTO

Para o tagliatelle de pupunha

400G DE PUPUNHA FRESCA "BARCA"

50G DE MANTEIGA (2 1/2 COLHERES DE SOPA)

5G DE TOMILHO PICADO (1 COLHER DE SOPA)

5G DE ALECRIM PICADO (1 COLHER DE SOPA)

SAL E PIMENTA-DO-REINO, A GOSTO

Para decorar

GALHOS DE TOMILHO

· UTENSÍLIOS NECESSÁRIOS ·

REFRATÁRIO, TIGELA PEQUENA, FILME PLÁSTICO,
PAPEL-TOALHA, PENEIRA, MANDOLINA.

· RENDIMENTO ·

4 PORÇÕES

· PREPARO ·

Para a marinada do coelho

*Retirar os miúdos do coelho, lavar bem e cortar em 7 partes
(2 patas dianteiras, 2 coxas e o corpo em 3). Num refratário,
colocar os pedaços e espalhar por cima a mistura de
cebola, cenoura, aipo, alho-poró, alho e ervas.
Salpicar os grãos de pimenta-branca e de zimbro.
Numa tigela pequena, misturar bem o vinho branco com
50g de mostarda de Dijon. Espalhar a mistura de vinho com
mostarda sobre os pedaços de coelho e cobrir com um filme plástico.
Colocar na geladeira e deixar marinar por 12 horas.
No dia seguinte, retirar os pedaços de coelho da marinada,
deixar escorrer e secar com papel toalha. Peneirar a marinada,
separando o líquido dos legumes. Reservar os dois.
Temperar o coelho com sal e pimenta-branca. Numa panela, esquentar
o óleo e selar os pedaços de coelho. Retirar o coelho selado da panela,
escorrer o excesso de gordura e voltar com a panela ao fogo.
Aquecer bem e despejar um pouco de caldo de frango, mexer bem
esfregando o fundo da panela. Coar e reservar esse caldo.
Numa panela esquentar a manteiga para suar os legumes da
marinada. Em seguida, aumentar a temperatura do fogo
e derramar o líquido da marinada (vinho com mostarda).*

Abaixar a temperatura e adicionar o caldo de frango.
Deixar reduzir um pouco, temperar com sal e pimenta e acrescentar
os pedaços de coelho selados. Primeiro as coxas e as
patas dianteiras e, após 10 minutos, as outras partes.
Deixar cozinhar por mais 10 a 15 minutos.
Retirar então os pedaços de coelho da panela e adicionar
o creme de leite fresco. Reduzir um pouco mais o molho.
Para servir, aquecer o molho, acrescentar os pedaços de coelho
e aquecer por 7 minutos. Conferir o sal e a pimenta.

Para o tagliatelle de pupunha
Passar a pupunha pela mandolina no dente grosso.
Se necessário, aparar as pontas para ficar uniforme.
Cozinhar a pupunha em água fervente com sal por 1 minuto. Escorrer.
Aquecer a manteiga numa frigideira e saltear a pupunha.
Adicionar as ervas e temperar com sal e pimenta.
Servir o tagliatelle de pupunha na manteiga e ervas e,
ao lado, o coelho real. Decorar o coelho com tomilho.

Cordeiro estufado com purê de cará e couve frita

{CARNEIRO ESTUFADO}

· INGREDIENTES ·

Para o cordeiro estufado

40ML DE ÓLEO DE GIRASSOL (3 1/2 COLHERES DE SOPA)

40G DE MANTEIGA SEM SAL (2 COLHERES DE SOPA)

1,2KG DE PERNIL DE CORDEIRO CORTADO EM CUBOS DE 3,5CM

SAL E PIMENTA-DO-REINO MOÍDA, A GOSTO

110G DE CEBOLA PICADA (2 UNIDADES PEQUENAS)

15G DE ALHO PICADO (3 DENTES)

50G DE FARINHA DE TRIGO (1 XÍCARA)

100G DE MOLHO DE TOMATE CONCENTRADO (1/2 XÍCARA)

1 BOUQUET GARNI*

1 LITRO DE CALDO DE VITELA

200G DE NABO CORTADO EM CUBOS DE 1CM (1 UNIDADE)

120G DE CENOURA CORTADA EM CUBOS DE 1CM (1 UNIDADE)

120G DE BATATA-DOCE CORTADA EM CUBOS DE 1CM (1 UNIDADE)

250G DE CEBOLAS MIÚDAS PARA CONSERVA (18 UNIDADES)

20G DE MANTEIGA (1 COLHER DE SOPA)

20G DE AÇÚCAR (2 COLHERES DE SOPA)

1,5G DE SAL (1 COLHER DE CAFÉ RASA)

500ML DE ÁGUA (2 COPOS)

5G DE SALSA PICADINHA (1 COLHER DE SOPA)

*amarrado de temperos feito com a parte verde do alho-poró, alguns galhos de salsa, galhos de tomilho e uma folha de louro

450G DE CARÁ LIMPO

450ML DE LEITE (2 XÍCARAS)

150ML DE CREME DE LEITE (2/3 DE XÍCARA)

SAL E PIMENTA-BRANCA, A GOSTO

Para a couve frita

500ML DE ÓLEO DE CANOLA (4 XÍCARAS)

150G DE COUVE MANTEIGA CORTADA EM TIRAS MUITO FINAS (1 MAÇO)

SAL A GOSTO

· UTENSÍLIOS NECESSÁRIOS ·

FRIGIDEIRA, FILME PLÁSTICO

E PROCESSADOR DE ALIMENTOS.

· RENDIMENTO ·

6 PORÇÕES

· PREPARO ·

Para o cordeiro estufado

Esquentar uma panela com o óleo e a manteiga.
Temperar os cubos de carne com sal e pimenta.
Selar os cubos de cordeiro na frigideira bem quente.
Retirar os cubos e reservar.
Na mesma panela com óleo e manteiga, refogar
a cebola e o alho. Voltar os pedaços de cordeiro para
a panela. Deixar aquecer e então polvilhar bem a farinha
sobre os pedaços de cordeiro. Mexer bem até
que a farinha cozinhe bem.
Acrescentar o molho de tomate concentrado e o
bouquet garni. Cobrir tudo com o caldo. Deixar levantar
fervura e, em seguida, abaixar bem o fogo para que
o cozimento seja bem lento. Temperar com um pouquinho
de sal e pimenta. Na metade do cozimento da carne
acrescentar os cubos de nabo, cenoura e batata-doce.
Quando o cordeiro estiver bem macio, parar o cozimento.

Testar o ponto de cocção dos legumes. Numa panela,
colocar as cebolinhas descascadas, cobrir com água e acrescentar
o açúcar, a manteiga e o sal. Cozinhar em fogo médio
até que a água evapore e as cebolas fiquem caramelizadas.
Atenção para não pegar muita cor.
Acrescentar as cebolinhas quentes ao estufado de cordeiro no
momento de servir. Salpicar a salsa picadinha.

Para o purê de cará

Cortar o cará em pedaços, colocar numa panela com o leite
e o creme de leite. Temperar com sal e pimenta.
Deixar no fogo até cozinhar bem.
Colocar tudo num processador e bater até a mistura ficar
bem lisa e homogênea. Conferir o sal e a pimenta.
Passar o purê para uma panela ou recipiente e cobrir sua superfície
diretamente com um filme plástico, para não formar casca.
No momento de servir esquentar o purê em fogo baixo,
mexendo bem para não deixar grudar no fundo da panela.
Caso o purê tenha engrossado, adicionar um pouco mais
de creme de leite e verificar o tempero.

Para a couve frita

Aquecer o óleo numa panela e fritar a couve aos poucos,
até ficar crocante. Colocar sobre papel
absorvente. Temperar com sal. Reservar.

· FINALIZAÇÃO ·

Colocar o purê de cará no centro do prato.
Dispor o cordeiro estufado no centro do purê. Finalizar
colocando a couve frita sobre o cordeiro.

Fina olha moura

{DE FINA OLHA MOURA}

· INGREDIENTES ·

Para a olha moura

500G DE GRÃO-DE-BICO

50G DE BACON EM CUBINHOS

15G DE ALHO PICADO (3 DENTES)

40G DE CEBOLA PICADA (2 COLHERES DE SOPA)

20G DE FUNCHO PICADO (1 COLHER DE SOPA)

60G DE ALHO-PORÓ PICADO (3 COLHERES DE SOPA)

200G DE ALHEIRA EM RODELAS (ENCHIDO TÍPICO PORTUGUÊS)

200G DE SALPICÃO EM RODELAS (ENCHIDO TÍPICO PORTUGUÊS)

200G DE CHOURIÇO PORTUGUÊS EM RODELAS (ENCHIDO TÍPICO PORTUGUÊS)

1 SACHÊ DE TEMPEROS*

3 LITROS DE CALDO DE LEGUMES OU DE FRANGO

SAL E PIMENTA-DO-REINO, A GOSTO

*10 grãos de pimenta-preta, 3 cravos e 2 folhas de louro envolvidos numa gaze amarrada com uma linha

Para a guarnição

10G DE FOLHAS DE HORTELÃ CORTADAS EM TIRAS BEM FINAS
(2 COLHERES DE SOPA)

10G DE FOLHAS DE SEGURELHA PICADAS (2 COLHERES DE SOPA)

30 FATIAS PÃO RÚSTICO COM 0,8CM DE ESPESSURA

· RENDIMENTO ·

10 PORÇÕES

Colocar o grão-de-bico de molho durante 2 horas. Reservar.
Numa panela, derreter a gordura do bacon e então
acrescentar o alho, a cebola, o funcho e o alho-poró.
Suar bem todos os ingredientes e juntar os enchidos um a um.
Acrescentar o sachê de temperos e o grão-de-bico
já demolhado e escorrido.
Juntar o caldo. Temperar com sal e pimenta levemente.
Cozinhar até que o grão-de-bico esteja macio
e tenha formado um caldo espesso. Acertar os temperos e
finalizar com as ervas. Testar o sal e a pimenta.
Servir com as fatias de pão tostadas.

Galeto à portuguesa

{PERDIZES À PORTUGUESA}

· INGREDIENTES ·

Para o galeto assado com presunto

550G DE GALETOS (4 UNIDADES INTEIRAS)

600ML DE VINHO BRANCO (3 XÍCARAS)

5G DE ZIMBRO (1 COLHER DE CHÁ)

3G DE PIMENTA-BRANCA EM GRÃO (1 COLHER DE CAFÉ)

100G DE CEBOLA PICADA (1 UNIDADE GRANDE)

8G DE ALHO PICADO (2 DENTES PEQUENOS)

80G DE ALHO-PORÓ PICADO (1 UNIDADE)

60G DE AIPO PICADO (6 GALHOS)

60G DE CENOURA PICADA (1/2 UNIDADE PEQUENA)

1 FOLHA DE LOURO

4G DE TOMILHO (2 GALHOS)

3G DE SALSA EM TALO, SEM AS FOLHAS (1 1/2 COLHER DE SOBREMESA)

10G DE FOLHAS DE SÁLVIA (2 COLHERES DE SOPA)

SAL E PIMENTA-DO-REINO, A GOSTO

200G DE PRESUNTO CRU FATIADO

50G DE MANTEIGA SEM SAL (2 1/2 COLHERES DE SOPA)

Para o molho de alcaparras

80G DE CEBOLA PICADA GROSSEIRAMENTE (1 UNIDADE MÉDIA)

30G DE MANTEIGA SEM SAL (1 1/2 COLHER DE SOPA)

6G DE ALHO, SEM SEMENTE (1 1/2 DENTE PEQUENO)

10G DE TOMILHO FRESCO (3 GALHOS)

5G DE ALECRIM FRESCO (1 GALHO)

400ML DE VINHO MADEIRA (2 XÍCARAS)

1 LITRO DE CALDO DE FRANGO ESCURO

1 LITRO DE CALDO DE VITELA

80G DE ALCAPARRAS BEM LAVADAS (4 1/2 COLHERES DE SOPA)

60ML DE CONHAQUE (4 COLHERES DE SOPA)

60G DE MANTEIGA SEM SAL PARA FINALIZAR (3 COLHERES DE SOPA)

40ML DE AZEITE DE OLIVA (2 COLHERES DE SOPA)

300G DE ASPARGOS VERDES PRÉ-COZIDOS (30 UNIDADES)

300G DE BATATA APERITIVO PRÉ-COZIDA CORTADA NO SENTIDO TRANSVERSAL

SAL E PIMENTA-DO-REINO, A GOSTO

Para decorar

20 FOLHAS DE SÁLVIA

CEBOLA EM TIRAS FRITA

· UTENSÍLIOS NECESSÁRIOS ·

FILME PLÁSTICO, PAPEL TOALHA, LINHA DE COZINHA, PENEIRA,

FRIGIDEIRA ANTIADERENTE, TRAVESSA.

· RENDIMENTO ·

8 PORÇÕES

· PREPARO ·

Para o galeto assado com presunto

Marinar os galetos com o vinho, as especiarias e as ervas, cobrir
com o filme plástico e deixar na geladeira por aproximadamente 6 horas.
Retirar os galetos da marinada.
Secar com papel toalha e temperar com sal e pimenta.
Amarrar as pernas dos galetos e passar duas fatias de presunto cru
ao redor de cada galeto, amarrando com linha de cozinha.
Colocar pedacinhos de manteiga sobre eles.
Levar ao forno a 180 °C por aproximadamente 30 minutos,
até que estejam no ponto e dourados.
Reservar.

Numa panela refogar a cebola na manteiga.
Acrescentar o alho e as ervas. Deixar a cebola adquirir cor
e em seguida adicionar o vinho madeira.
Ferver para evaporar o álcool e completar com os caldos.
Diminuir o fogo e deixar reduzir lentamente à metade.
Passar por uma peneira fina e reservar.
Numa outra panela derreter a manteiga e a acrescentar as alcaparras.
Aquecer bem e derramar o conhaque. Deixar evaporar bem o álcool,
adicionar ao molho já reduzido e incorporar a manteiga
bem fria. Conferir o sal.

Para as guarnições

Aquecer uma frigideira antiaderente com 40ml de azeite de oliva.
Assim que estiver bem quente, colocar as batatinhas viradas para baixo.
Deixar fritar até dourar. Temperar com sal e pimenta e reservar.
Numa panela com bastante água fervente e salgada cozinhar
os aspargos inteiros. Quando estiverem al dente,
passar para uma bacia com bastante água bem gelada. Escorrer bem.
Cortar os talos dos aspargos em rodelas pequenas e separar
as pontas. Reservar tudo. Aquecer uma frigideira com 40ml de azeite
de oliva e saltear as rodelas e as pontas dos aspargos.
Temperar com sal e pimenta. Reservar.

· FINALIZAÇÃO ·

Misturar os aspargos com as batatinhas. Numa travessa,
colocar essa mistura e dispor os galetos sobre essa guarnição.
Decorar cada galeto com folhas de sálvia e com
as cebolas crocantes. Servir o molho numa molheira à parte.

Galinha com maçãs verdes e cidra

{GALINHA AGRA E DOCE}

· INGREDIENTES ·

Para a marinada

2,5KG DE GALINHA CAIPIRA OU ORGÂNICA (1 UNIDADE)

750ML DE CIDRA (3 COPOS)

5G DE ZIMBRO (1 COLHER DE CHÁ)

3G DE PIMENTA-BRANCA (1 COLHER DE CAFÉ)

3G DE CRAVO (3 UNIDADES)

20G DE CANELA EM PAU (2 UNIDADES)

6G DE ZIMBRO EM GRÃO (30 UNIDADES)

3G DE COENTRO EM GRÃO (1 COLHER DE CHÁ)

100G DE CEBOLA PICADA GROSSEIRAMENTE (1 UNIDADE GRANDE)

8G DE ALHO PICADO GROSSEIRAMENTE (2 DENTES PEQUENOS)

80G DE ALHO-PORÓ PICADO GROSSEIRAMENTE (1 UNIDADE)

60G DE AIPO PICADO GROSSEIRAMENTE (6 GALHOS)

15G DE GENGIBRE PICADO GROSSEIRAMENTE (1 1/2 COLHER DE SOPA)

60G DE CENOURA PICADA GROSSEIRAMENTE (1/2 UNIDADE PEQUENA)

1 FOLHA DE LOURO

4G DE TOMILHO (2 GALHOS)

4G DE SALSA (TALO E FOLHAS) (1 GALHO GRANDE)

Para o cozimento

SAL E PIMENTA-BRANCA MOÍDA NA HORA, A GOSTO

40ML DE ÓLEO DE GIRASSOL (4 COLHERES DE SOPA)

70G DE FARINHA DE TRIGO (10 COLHERES DE SOPA)

LÍQUIDO, LEGUMES E ESPECIARIAS DA MARINADA

600ML DE CALDO DE FRANGO ESCURO E BEM REDUZIDO

40ML DE CALVADOS (3 COLHERES DE SOPA)

20G DE MANTEIGA SEM SAL (1 COLHER DE SOPA)

Para a finalização

800G DE MAÇÃS VERDES (5 UNIDADES)

25G DE MANTEIGA CLARIFICADA (1 COLHER DE SOPA)

15G DE AÇÚCAR (1 COLHER DE SOPA BEM CHEIA)

20ML DE CALVADOS (1 1/2 COLHER DE SOPA)

SAL E PIMENTA-PRETA MOÍDA NA HORA, A GOSTO

SALSINHA LISA FRESCA PICADINHA, A GOSTO

Para decorar

GALHOS DE TOMILHO

· UTENSÍLIOS NECESSÁRIOS ·

FILME PLÁSTICO, PENEIRA, PAPEL TOALHA, TRAVESSA.

· RENDIMENTO ·

4 PORÇÕES

· PREPARO ·

*Retirar os pulmões e as vísceras da galinha e lavar muito bem.
Secar e, sobre a chama da boca do fogão, passar
todos os lados da galinha para retirar os excessos de penugem.*

*Cortar a galinha em 8 partes. Separar as coxas, as sobrecoxas
e cortar cada peito em 2 partes, deixando 1 das partes com a asa.
Colocar os pedaços da galinha num recipiente e cobrir com a cidra
e os demais ingredientes da marinada. Misturar bem, cobrir com o filme plástico e
deixar na geladeira por pelo menos 6 horas.
Depois de marinar, retirar os pedaços da galinha, peneirar o líquido
e reservar. Reservar também o louro, um pouco de tomilho e
a salsa, para fazer um bouquet garni, e os legumes e as especiarias.
Secar com papel toalha os pedaços de galinha e temperar
com sal e pimenta. Esquentar bem uma panela com óleo de girassol
e selar os pedaços de galinha. Retirar o excesso de óleo
da panela e retornar com os pedaços de galinha selados.
Polvilhar a farinha de trigo, mexendo delicadamente para que
cozinhe. Adicionar os legumes da marinada, refogar bem
e cobrir então com o líquido da marinada. Acrescentar o bouquet garni,
as especiarias envoltas num pano e amarradas e completar
com o caldo de frango. Levar ao fogo, ferver, abaixar o fogo e deixar
cozinhar lentamente por aproximadamente 1 hora.
Enquanto a galinha cozinha deve-se preparar a maçã.
Descascar a maçã e cortar em gomos. Esquentar a manteiga clarificada
e saltear a maçã polvilhando o açúcar. No fim acrescentar o calvados.
Passar a maçã para um recipiente e reservar.
Quando os pedaços de galinha atingirem o cozimento ideal, eles devem ser
retirados do caldo de cozimento. Esse caldo deve ser peneirado, colocado numa
outra panela e levado ao fogo novamente. Deve-se deixar reduzir até adquirir
consistência. Adicionar o calvados e a manteiga sem sal. Conferir o sal
e a pimenta e retornar os pedaços de galinha para a panela. Adicionar a maçã
em gomos. Esquentar em fogo lento por mais uns 10 minutos e servir.*

· FINALIZAÇÃO ·

*Colocar numa panela ou travessa, decorar com galhos de tomilho
e servir acompanhado de um tagliatelle com ervas.*

Lombo de porco com creme de grão-de-bico e purê de berinjela com ovo cozido e hortelã

{LOMBO DE PORCO} & {BERINJELAS RECHEADAS}

· INGREDIENTES ·

Para o lombo de porco

50ML DE AZEITE DE OLIVA VIRGEM (2 1/2 COLHERES DE SOPA)

1,2KG DE LOMBO DE PORCO

SAL E PIMENTA-PRETA MOÍDA NA HORA, A GOSTO

Para o molho de grão-de-bico

150G DE GRÃO-DE-BICO

75ML DE AZEITE DE OLIVA VIRGEM (3 1/2 COLHERES DE SOPA)

150G DE CEBOLA PICADINHA (3/4 DE XÍCARA)

100G DE ALHO-PORÓ PICADINHO (1 UNIDADE GRANDE)

120G DE FUNCHO PICADINHO (2 UNIDADES PEQUENAS)

8G DE ALHO PICADINHO (2 DENTES PEQUENOS)

10G DE SALSA LISA (1/3 DE MAÇO)

2G DE TOMILHO (1 COLHER DE SOBREMESA)

1/2 FOLHA DE LOURO

1,5G DE PIMENTA-BRANCA EM GRÃO (1/2 COLHER DE CAFÉ)

1 PITADA DE AÇAFRÃO EM PÓ

50G DE EXTRATO DE TOMATE NATURAL OU ORGÂNICO (2 COLHERES DE SOPA)

1 LITRO DE CALDO DE FRANGO

30G DE PASTA DE GERGELIM (2 COLHERES DE SOPA)

SAL E PIMENTA-DO-REINO, A GOSTO

Para o purê de berinjela com ovo cozido e hortelã

1,5KG DE BERINJELA CORTADA AO MEIO (8 UNIDADES PEQUENAS)

SAL E PIMENTA-DO-REINO MOÍDA, A GOSTO

140ML DE AZEITE DE OLIVA (3 XÍCARAS RASAS)

150ML DE VINAGRE BALSÂMICO (10 COLHERES DE SOPA)

50G DE AÇÚCAR MASCAVO (5 COLHERES DE SOPA)

3G DE CANELA EM PÓ (3 COLHERES DE CAFÉ)

0,5G DE CRAVO EM PÓ (1/2 COLHER DE CAFÉ)

2G DE COMINHO EM PÓ (2 COLHERES DE CAFÉ)

2G DE CURRY EM PÓ (2 COLHERES DE CAFÉ)

1G DE PIMENTA-DO-REINO PRETA MOÍDA (1 COLHER DE CAFÉ)

0,25G DE NOZ-MOSCADA EM PÓ (1/4 DE COLHER DE CAFÉ)

1G DE ZIMBRO BEM PICADINHO (1/2 COLHER DE CAFÉ)

0,5G DE PIMENTA-DA-JAMAICA BEM PICADINHA (1/2 COLHER DE CAFÉ)

5G DE MOSTARDA DE DIJON (1 COLHER DE CHÁ)

0,5G DE CARDAMOMO EM PÓ (1/2 COLHER DE CAFÉ)

40ML DE LICOR DE CASSIS (2 COLHERES DE SOPA)

3 OVOS COZIDOS E PICADOS

10G DE FOLHAS DE HORTELÃ CORTADA EM TIRAS BEM FINAS (2 COLHERES DE SOPA)

Para decorar

6 GALHOS DE ALECRIM

20ML DE AZEITE DE HORTELÃ (1 COLHER DE SOPA)

· UTENSÍLIOS NECESSÁRIOS ·

FRIGIDEIRA ANTIADERENTE, ASSADEIRA, ESCORREDOR,
COADOR, PROCESSADOR DE ALIMENTOS.

· RENDIMENTO ·

6 PORÇÕES

· PREPARO ·

Para o lombo de porco

Esquentar muito bem uma frigideira com o azeite. Temperar o lombo de
porco com sal e pimenta. Selar todos os lados da peça.
Levar ao forno a 180 ℃ por aproximadamente 40 minutos, até que esteja no ponto
desejado. Retirar do forno e colocar numa assadeira para repousar por 15 minutos.
No momento de servir, fatiar e aquecer o lombo de porco num forno
a 180 ℃, por aproximadamente 5 minutos.

Para o molho de grão-de-bico

Deixar o grão-de-bico de molho durante 2 horas.
Cozinhar o grão-de-bico em água com sal até que esteja
macio. Escorrer e reservar.
Numa panela, esquentar o azeite e suar a cebola,
o alho-poró, o funcho, o alho, a salsa, o tomilho e o louro.
Acrescentar a pimenta-branca e o açafrão e
deixar refogar mais um pouco.
Aumentar o fogo e adicionar o concentrado de tomate.
Mexer bem, deixar o ácido do concentrado evaporar,
abaixar o fogo e dar uma boa refogada. Em seguida,
acrescentar o caldo de frango, mexer bem,
aumentar o fogo até levantar fervura e abaixar para que
o processo de cozimento seja o mais lento possível durante 30 minutos.
Coar esse caldo e bater no processador de alimentos com
o grão-de-bico já cozido. Bater bem para obter
um creme liso e homogêneo.
Adicionar a pasta de gergelim. Temperar com
sal e pimenta e reservar.

Para o purê de berinjela

Colocar a berinjela num tabuleiro, polvilhar sal e pimenta,
regar com 40ml azeite e levar ao forno a 150 °C, por 30 minutos.
Deixar esfriar e retirar toda a polpa, descartando a casca.
Fazer a redução de vinagre balsâmico com
o açúcar mascavo até a metade.
Mexer bem a polpa da berinjela e acrescentar
a redução de balsâmico, assim como todos os temperos
em pó, 100ml de azeite e a mostarda.
Levar ao fogo baixo, mexendo bem até reduzir um pouco.
Por último, acrescentar o licor de cassis e
testar a quantidade de sal. Reservar

· FINALIZAÇÃO ·

Colocar o creme de grão de bico na parte superior
do prato e esticar o creme com o auxílio de uma colher.
Dispor duas porções de lombo sobre esse traço;
Colocar ao lado do lombo uma quennele de purê de berinjela.
Salpicar a juliana de hortelã sobre o purê e
apoiar uma boa fatia de ovo cozido.
Finalizar colocando o azeite de hortelão ao lado.

Mignon de vitela carvonada, molho de limão e cenoura glaceada

· INGREDIENTES ·

Para o mignon de vitela carvonada

600G DE FILÉ MIGNON DE VITELA (4 FILÉS DE 150G CADA UM)

SAL E PIMENTA-DO-REINO, A GOSTO

80ML DE AZEITE VIRGEM (4 COLHERES DE SOPA)

Para a crosta de especiarias e ervas

175G DE MIOLO DE PÃO DE BRIOCHE (OU PÃO DE MIGA BRANCO)

4 CLARAS DE OVO

320G DE QUEIJO GRUYÈRE RALADO (2 XÍCARAS)

120G DE SALSA LISA PICADINHA (2 XÍCARAS)

15G DE TOMILHO PICADINHO (3 COLHERES DE SOPA)

280G DE MANTEIGA SEM SAL (14 COLHERES DE SOPA)

5G DE PIMENTA-PRETA (20 GRÃOS)

1G DE CRAVO EM PÓ (1 COLHER DE CAFÉ)

6G DE CANELA EM PÓ (1 COLHER DE SOBREMESA)

Para o molho de limão

SUCO E RASPAS DE 2 LIMÕES SICILIANOS (60ML DE SUCO)

12G DE AÇÚCAR MASCAVO (1 COLHER DE SOPA)

15G DE MANTEIGA SEM SAL (1 COLHER DE SOBREMESA)

40G DE CEBOLA PICADA GROSSEIRAMENTE (1/2 UNIDADE PEQUENA)

3G DE ALHO, SEM SEMENTE (1 DENTE BEM PEQUENO)

10 GRÃOS DE PIMENTA-PRETA (1 COLHER DE CAFÉ)

5G DE TOMILHO FRESCO (2 GALHOS)

3G DE ALECRIM FRESCO (1 GALHO)
200ML DE CALDO DE VITELA BEM REDUZIDO (1 XÍCARA)
30G DE MANTEIGA SEM SAL GELADA (2 COLHERES DE SOBREMESA)
SAL A GOSTO

Para a cenoura glaceada
12 CENOURAS-BEBÊ
40G DE MANTEIGA (2 COLHERES DE SOPA)
12G DE AÇÚCAR (1 COLHER DE SOPA)
100ML DE CALDO DE LEGUMES (1/2 XÍCARA)

· UTENSÍLIOS NECESSÁRIOS ·
PENEIRA, PAPEL-MANTEIGA, CORTADOR.

· RENDIMENTO ·
4 PORÇÕES

· PREPARO ·
Para o mignon de vitela
Temperar o mignon de vitela com sal e pimenta-do-reino.
Aquecer uma frigideira com azeite e selar o mignon rapidamente
de todos os lados. Descansar a carne.
Cobrir com a crosta de especiarias e levar ao forno para
dourar e dar o ponto na carne.

Para a crosta de especiarias e ervas
Passar todos os ingredientes no processador até obter uma
mistura homogênea. Abrir uma camada fina entre duas folhas
de papel-manteiga. Formar porções individuais.
Conservar no freezer até o momento de usar.

Para o molho de limão
Fazer uma calda leve com o suco de limão e o açúcar
mascavo. Acrescentar então a manteiga, a cebola,
o alho, a pimenta-do-reino e as ervas.

Juntar o caldo de vitela e deixar cozinhar
até obter a consistência de xarope.
Passar por uma peneira fina e acrescentar
as raspas de limão siciliano para perfumar.
Acertar o sal e, se necessário, acrescentar a manteiga
gelada para dar brilho. Reservar

Para a decoração
Tiras de limão siciliano confit

Para a cenoura glaceada
Retirar delicadamente as cascas das cenouras,
limpar bem a parte do cabo.
Numa panela aquecer a manteiga, juntar as
cenouras, o açúcar, o caldo de legumes.
Cozinhar até que a cenoura fique macia e tenha
se formado uma calda. Reservar.

· FINALIZAÇÃO ·

No momento de servir, aquecer o filé mignon de vitela,
dar um corte transversal nos filés. Dispor as
metades de mignon na parte superior do prato.
Colocar as cenouras apoiadas no mignon. Decorá-las
com tiras de limão confit. Por último acrescentar
o molho ao lado do mignon.

Peito de galinha com creme de milho, quiabo e molho negro

· INGREDIENTES ·

Para o peito de galinha com creme de milho

160G DE PEITO DE FRANGO

2 OVOS

40ML DE VINHO MADEIRA (3 COLHERES DE SOPA)

SAL E PIMENTA-DO-REINO, A GOSTO

80G DE MILHO FRESCO PRÉ-COZIDO (3 1/2 COLHERES DE SOPA)

1KG DE PEITO DE GALINHA, COM UMA PARTE DO OSSO

DA ASA (4 UNIDADES, DE 250G CADA UMA)

120G DE CRÉPINE (REDANHO DE PORCO)

Para o quiabo

30G DE CEBOLA PICADA (1 1/2 COLHER DE SOPA)

4G DE ALHO PICADO (1 DENTE)

30ML DE AZEITE DE OLIVA (1 1/2 COLHER DE SOPA)

1G DE GENGIBRE PICADO (1 COLHER DE CAFÉ)

2,5G PIMENTA-DEDO-DE-MOÇA (1/2 UNIDADE PEQUENA)

160G DE QUIABO (1 XÍCARA)

300ML DE CALDO DE VITELA (1 1/2 XÍCARA)

SAL E PIMENTA-DO-REINO A GOSTO

Molho negro

40G DE FARINHA DE TRIGO (5 COLHERES DE SOPA)

50G DE MANTEIGA (2 1/2 COLHERES DE SOPA)

10G DE PIMENTA-PRETA EM GRÃOS (1 1/2 COLHER DE SOPA)

3G DE CRAVO EM PÓ (I COLHER DE CHÁ)

IG DE NOZ-MOSCADA (I COLHER DE CAFÉ)

60G DE CEBOLA PICADA (3 COLHERES DE SOPA)

I FOLHA DE LOURO

10G DE TALOS DE SALSA SEM AS FOLHAS (I COLHER DE SOPA)

50ML DE CONHAQUE (3 1/2 COLHERES DE SOPA)

800ML DE CALDO DE VITELA (4 XÍCARAS)

50G DE MANTEIGA GELADA (2 1/2 COLHERES DE SOPA)

· UTENSÍLIOS NECESSÁRIOS ·

PROCESSADOR, PENEIRA.

· RENDIMENTO ·

4 PORÇÕES

· PREPARO ·

Para o peito de galinha com creme de milho

Processar a carne do peito de frango, acrescentar o ovo,
o vinho Madeira e temperar com sal e pimenta.
Por último adicionar o milho sem processar muito
para que fiquem pedaços inteiros no creme.
Temperar os peitos com sal e pimenta, cobri-los com
uma boa camada do creme de milho (100g por peito)
e envolvê-los totalmente com a crépine (30g por peito).
Reservar na geladeira

Para o quiabo

Suar a cebola e o alho no azeite, acrescentar o gengibre
e a pimenta-dedo-de-moça. Em seguida adicionar
os quiabos inteiros apenas com as extremidades cortadas.
Temperar com sal e pimenta e acrescentar o caldo de vitela.
Cozinhar por aproximadamente 12 minutos.
Retirar os quiabos inteiros e reservar.

Para o molho negro

*Numa frigideira tostar a farinha em fogo baixo até que
ela adquira um tom dourado. Reservar.
Esquentar bem uma panela com a manteiga, suar a cebola,
o louro, a salsa, a pimenta-preta, o cravo e a noz-moscada.
Acrescentar o conhaque e flambar levemente a fim
de reduzir o teor de álcool. Polvilhar a farinha de trigo
e mexer bem. Cobrir então com o caldo de vitela quente, abaixar o fogo
e deixar cozinhar lentamente até atingir a consistência de xarope.
Peneirar e, se necessário, temperar com sal e pimenta e acrescentar
manteiga gelada para aveludar o molho.*

· FINALIZAÇÃO ·

*Numa frigideira com azeite bem quente selar os peitos de frango por
todos os lados. Eles devem ficar bem dourados.
Levar ao forno a 150 °C para terminar o cozimento por aproximadamente
6 a 8 minutos. Esquentar o quiabo e o molho. Colocar os quiabos
enfileirados no centro do prato, fatiar o peito de frango e dispor
sobre eles. Colocar o molho ao redor.*

Peito de pato com manjar de milho, molho de marmelo com romã

· INGREDIENTES ·

Para o peito de pato

4 PEITOS DE PATO DE APROXIMADAMENTE 240G CADA

SAL E PIMENTA-DO-REINO MOÍDA NA HORA, A GOSTO

Para o manjar de milho

6 ESPIGAS DE MILHO

200ML DE LEITE (1 XÍCARA)

SAL E PIMENTA-BRANCA, A GOSTO

3G DE COMINHO EM PÓ (1 COLHER DE CHÁ)

30G DE AÇÚCAR (3 COLHERES DE SOPA)

30G DE MANTEIGA (1 1/2 COLHER DE SOPA)

2 G DE SAL (1 COLHER DE CAFÉ)

Para o molho de marmelo com romã

300ML DE VINHO TINTO (1 1/2 XÍCARA)

10G DE TOMILHO (3 GALHOS)

5G DE PIMENTA-DO-REINO EM GRÃOS (1 COLHER DE CHÁ)

1/2 FOLHA DE LOURO

200ML DE CALDO DE VITELA (1 XÍCARA)

100G DE MARMELADA OU GELÉIA DE MARMELO (6 COLHERES DE SOPA)

100ML DE MOLHO DE ROMÃ (1 XÍCARA)

20ML DE GRENADINA (XAROPE DE ROMÃ) (1 COLHER DE SOPA)

SAL E PIMENTA-DO-REINO, A GOSTO

Para decorar

12 UNIDADES DE VAGEM FRANCESA COZIDA AL DENTE

4 GALHOS DE TOMILHO

1 COLHER DE CHÁ DE FLOR DE SAL

· UTENSÍLIOS NECESSÁRIOS ·

FRIGIDEIRA ANTIADERENTE, LIQÜIDIFICADOR,
PENEIRA, FORMAS, FILME PLÁSTICO.

· RENDIMENTO ·

4 PORÇÕES

· PREPARO ·

Para o peito de pato

Aparar o excesso de gordura dos peitos. Fazer cortes na parte
da gordura e temperar com sal e pimenta.
Esquentar bem uma frigideira antiaderente e selar o peito
de pato, começando pelo lado da pele. Deixar a pele
ficar bem douradinha, por aproximadamente 5 minutos,
e virar para selar o outro lado, por 4 minutos.
Retirar do fogo e deixar descansar por 15 minutos.

Para o manjar de milho

Com uma faca, tirar o milho cru das espigas e bater
no liqüidificador com o leite. Passar na peneira
para retirar as cascas, que serão dispensadas. Temperar com sal,
pimenta e cominho e acrescentar a manteiga.
Levar ao fogo para cozinhar com o açúcar, mexendo
constantemente, até obter consistência cremosa
e desgrudar da panela.
Verificar mais uma vez os temperos. Adicionar a
manteiga e incorporar bem. Despejar em formas untadas,
cobrir com filme plástico e levar à geladeira.
Desenformar assim que estiver frio.

Para o molho de marmelo com romã

Reduzir o vinho tinto até a metade com o tomilho,
a pimenta e o louro. Peneirar. Adicionar o caldo de vitela.
Reduzir novamente à metade e acrescentar
a marmelada, o molho de romã e a grenadina.
Temperar com sal e pimenta a gosto.

· FINALIZAÇÃO ·

Na hora de montar o prato, levar ao forno o pato
a 180 °C para aquecer e o manjar de milho;
aquecer bem o molho, sem deixar ferver.
Fatiar o peito de pato e colocá-lo na parte superior do prato,
dispor o manjar de milho abaixo e colocar ao lado as vagens.
Finalizar colocando a flor de sal sobre o pato
e o molho ao lado. Decorar com tomilho.

Salmão mourisco com aspargos verdes e manteiga de laranja

· INGREDIENTES ·

Para o salmão mourisco

200ML DE VINHO BRANCO (1 XÍCARA)

1 LITRO DE CALDO DE PEIXE

SAL E PIMENTA-DO-REINO, A GOSTO

640G DE FILÉ DE SALMÃO (4 UNIDADES DE 160G CADA UMA)

Para os legumes

100G DE ASPARGOS VERDES (10 UNIDADES)

40G DE PETIT-POIS (2 COLHERES DE SOPA)

80G DE MININABOS (8 UNIDADES)

80G DE RABANETES (8 UNIDADES)

150G DE BATATA-BAROA EM RODELAS (1 UNIDADE)

64G DE TOMATES CEREJA (8 UNIDADES)

Para a manteiga de laranja

40G DE CEBOLA PICADINHA (2 COLHERES DE SOPA)

15G DE MANTEIGA SEM SAL (1 COLHER DE SOBREMESA)

960ML DE SUCO DE LARANJA (SUCO DE 12 LARANJAS)

10G DE GENGIBRE PICADINHO (1 COLHER DE SOPA)

5G DE COENTRO EM GRÃO (1 COLHER DE SOBREMESA)

2G DE ANIS-ESTRELADO (1 UNIDADE)

1G DE PIMENTA-PRETA (4 GRÃOS)

4 CRAVOS

1/2 FOLHA DE LOURO

14G DE TOMILHO (4 GALHOS)

250G DE MANTEIGA SEM SAL GELADA EM CUBOS (12 1/2 COLHERES DE SOPA)

Para decorar

MINIAGRIÃO

· UTENSÍLIO NECESSÁRIO ·

FRIGIDEIRA

· RENDIMENTO ·

4 PORÇÕES

· PREPARO ·

Para o salmão mourisco

Juntar o vinho branco com o caldo de peixe numa panela
e temperar com sal e pimenta.
Colocar para ferver. Assim que estiver fervendo,
acomodar delicadamente o salmão e abaixar bem o fogo.
Deixar os filés cozinhando por 7 minutos.
Retirar o salmão com cuidado e servir imediatamente.

Para os legumes

Cozinhar os aspargos e os petit-pois em água fervente com sal.
Imediatamente após o cozimento al dente, os legumes
devem ser passados numa bacia com água bem gelada para parar
o cozimento, quando eles ficarão bem verdes.
Cozinhar o mininabo, o rabanete e a batata-baroa separadamente.
O tomate cereja deve ser passado rapidamente numa frigideira
bem quente com um pouquinho da manteiga de laranja.

Para a manteiga de laranja

Suar a cebola na manteiga.
Adicionar o suco de laranja, o gengibre, o coentro,
o anis-estrelado, a pimenta, o cravo, o louro e o tomilho.
Deixar levantar fervura e abaixar o fogo para cozinhar lentamente.
Reduzir à metade.
Incorporar a manteiga em cubinhos mexendo bem
e sem deixar ferver. Reservar.

· FINALIZAÇÃO ·

Aquecer os legumes no vapor ou no forno.
Colocar no centro do prato 3 aspargos e dispor o peixe
por cima. Na parte superior do prato dispor as rodelas de
batata-baroa e colocar o salmão mourisco. Ao lado do salmão
colocar os aspargos e os demais legumes.
Decorar colocando o miniagrião sobre o salmão.

Torta de peixe e frutos do mar

{TORTA DE PEIXE}

· INGREDIENTES ·

Para o recheio de peixe e frutos do mar

100ML DE AZEITE DE OLIVA (1/2 XÍCARA)

200G DE CEBOLA PICADA (1 XÍCARA)

50G DE ALHO PICADO FINAMENTE (10 DENTES)

550G DE TOMATE SEM PELE E SEM SEMENTES, PICADO (5 XÍCARAS)

50G DE COENTRO À JULIANA (2 MAÇOS)

6G DE PÁPRICA DOCE (1 COLHER DE SOPA)

200G DE ROBALO COZIDO E DESFIADO

200G DE CARNE DE SIRI DESFIADA

200G DE CARNE DE CARANGUEJO

200G DE OSTRA COZIDA E PICADA

200G DE SURURU COZIDO E PICADO

200G DE CAMARÃO DESCASCADO COZIDO E PICADO

35G DE CEBOLINHA VERDE PICADA (1 MAÇO)

600G DE PALMITO FRESCO COZIDO NO VAPOR PICADO

100G DE AZEITONA PRETA SEM CAROÇO EM TIRAS (1 XÍCARA)

SAL E PIMENTA-DO-REINO, A GOSTO

SUCO PENEIRADO DE 1 LIMÃO (30 ML)

3 OVOS BATIDOS

Para a massa básica para torta

250G DE FARINHA (2 XÍCARAS BEM CHEIAS)

100G DE MANTEIGA SEM SAL GELADA (5 COLHERES DE SOPA)

1 OVO

20ML DE ÁGUA FRIA (1 1/2 COLHER DE SOPA)

5G DE SAL (1 COLHER DE CHÁ)

Para pincelar

2 OVOS INTEIROS

FILME PLÁSTICO, ROLO DE 0,2CM DE ESPESSURA,
FORMAS COM 24CM DE DIÂMETRO.

10 PORÇÕES

Para o recheio de peixe e frutos do mar

*Aquecer numa panela o azeite e suar a cebola, o alho, o tomate,
o coentro e a páprica. Juntar os peixes e os frutos do mar, refogar bem.
Acrescentar a cebolinha verde, o palmito, a azeitona, mexendo sempre.
Acertar o tempero com sal, pimenta e o suco de limão.
Juntar os ovos batidos para dar cremosidade ao recheio,
mexendo vigorosamente. Reservar.*

Para a massa

*Fazer uma farofa com a farinha e a manteiga gelada
em cubos. Acrescentar o ovo e colocar água
até obter uma massa homogênea e lisa.
Não sovar demais para que ela não fique elástica.
Descansar por 1 hora coberta com filme plástico na geladeira.
Abrir a massa com o auxílio de um rolo na espessura de 0,2cm.
Forrar as formas de torta com a massa. Cobrir
com o recheio previamente frio e colocar mais uma
camada de massa por cima.
Finalizar unindo as bordas da massa delicadamente.
Pincelar com a mistura de ovos e assar no forno a 180°C
por 20 minutos ou até estar dourada.*

Arroz ao leite com amêndoas, frutas secas e especiarias

{ARROZ-DOCE}

· INGREDIENTES ·

Para o arroz

25G DE PASSAS BRANCAS (1 1/2 COLHER DE SOPA)

25G DE PASSAS PRETAS (1 1/2 COLHER DE SOPA)

40ML DE ÁGUA-DE-FLOR-DE-LARANJEIRA (2 1/2 COLHERES DE SOPA)

1,6 LITRO DE LEITE (6 1/2 XÍCARAS)

80G DE ARROZ-AGULHINHA (2/3 DE XÍCARA)

10G DE CANELA EM PAU (1 UNIDADE)

2 CRAVOS

1G DE FAVA DE BAUNILHA (1/4 DE UNIDADE)

80G DE AÇÚCAR (6 1/2 COLHERES DE SOPA)

40G DE AMÊNDOAS FILETADAS, LEVEMENTE TOSTADAS (4 COLHERES DE SOPA)

Para decorar

200 DAMASCOS SECOS EM CUBINHOS (8 UNIDADES)

120G DE FIGOS SECOS EM CUBINHOS (4 UNIDADES)

40G DE AMÊNDOAS FILETADAS, LEVEMENTE TOSTADAS (4 COLHERES DE SOPA)

FOLHA DE OURO

· RENDIMENTO ·

4 PORÇÕES

· PREPARO ·

Para o arroz

Colocar as passas de molho na água-de-flor-de-laranjeira.
Ferver o leite com a canela, o cravo e a baunilha. Lavar o arroz e acrescentá-lo
ao leite fervente, mexendo muito bem. Cozinhar em fogo baixo durante
20 minutos, mexendo de vez em quando.
Adicionar o açúcar e as passas espremidas e cozinhar por mais 30 minutos.
A mistura deverá engrossar, e o arroz deverá soltar da colher facilmente.
Retirar os temperos, misturar 40g de amêndoas,
as passas e a água-de-flor-de-laranjeira.

· FINALIZAÇÃO ·

Colocar o arroz ao leite num prato fundo e decorar
com as amêndoas filetadas, os damascos e os figos em cubinhos.
Finalizar colocando pedacinhos de folha de ouro.

Manjar de coco com calda de especiarias, ameixas e vinho do Porto

· INGREDIENTES ·

Para o manjar de coco

300ML DE LEITE (1 1/2 XÍCARA)

300ML DE LEITE DE COCO (1 1/2 XÍCARA)

30G DE AMIDO DE MILHO (1 1/2 COLHER DE SOPA)

100G DE AÇÚCAR (2/3 DE XÍCARA)

12G DE GELATINA EM PÓ (1 COLHER DE SOPA)

Para a calda de especiarias, ameixas e vinho do Porto

100G DE AÇÚCAR (2/3 DE XÍCARA)

100ML DE ÁGUA (1/2 XÍCARA)

200ML DE VINHO DO PORTO RUBY (1 XÍCARA)

10G DE CANELA EM PAU (1 UNIDADE)

6 GRÃOS DE PIMENTA-PRETA (1 COLHER DE CHÁ)

2 CRAVOS

2G DE ANIS-ESTRELADO (1 UNIDADE)

6 GRÃOS DE COENTRO (1 COLHER DE CHÁ)

SUCO DE 1 LARANJA (80ML)

130G DE AMEIXA SECA, SEM CAROÇO (18 UNIDADES)

Para decorar

3 FAVAS DE BAUNILHA SECAS

30G DE CANELA EM PAU (3 UNIDADES)

12G DE ANIS-ESTRELADO (6 UNIDADES)

12G DE RASPAS DE LARANJA (6 COLHERES DE SOBREMESA)

· RENDIMENTO ·

6 PORÇÕES

· PREPARO ·

Para o manjar

*Em uma panela, dissolver o amido de milho no leite,
colocar o leite de coco e o açúcar. Levar a fogo
baixo, mexendo até engrossar. Reservar.
Hidratar a gelatina em um pouco de água fria e incorporar
ao creme. Colocar na forma e resfriar.*

Para a calda de especiarias, ameixa e vinho do Porto

*Numa panela dissolver o açúcar e a água.
Levar ao fogo médio até obter um caramelo claro.
Adicionar o vinho do Porto, o suco de laranja e as especiarias.
Acrescentar neste momento as ameixas.
Cozinhar no fogo baixo até adquirir ponto de calda.
Resfriar e reservar.*

· FINALIZAÇÃO ·

*Colocar cada manjar no centro de um prato com as ameixas
ao lado. Dispor em cima do manjar 1/2 canela e um anis estrelado.
Acrescentar a calda ao redor e finalizar apoiando 1/2 fava
de baunilha seca e salpicando um pouco da casca
de laranja sobre as ameixas.*

Manjar real

{MANJAR-REAL}

· INGREDIENTES ·

400G DE PEITO DE GALINHA

2G DE SAL (1 COLHER DE CAFÉ)

700ML DE LEITE (3 1/4 DE XÍCARA)

200G DE AÇÚCAR (1 1/5 DE XÍCARA)

8G DE RASPAS DE LARANJA (1 1/2 COLHER DE SOBREMESA)

150G DE CREME DE ARROZ (1 1/3 XÍCARA)

5G DE RASPAS DE LIMÃO SICILIANO (1 COLHER DE SOBREMESA)

20ML DE COINTREAU (2 1/2 COLHER DE SOPA)

40ML DE EXTRATO DE BAUNILHA (4 COLHERES DE SOPA)

5G DE CANELA EM PÓ (1 COLHER DE SOPA)

20G DE AÇÚCAR (2 COLHERES DE SOPA)

· UTENSÍLIOS NECESSÁRIOS ·

PROCESSADOR DE ALIMENTOS, FORMA REFRATÁRIA.

· RENDIMENTO ·

6 PORÇÕES

· PREPARO ·

Cozinhar o peito de galinha em água com uma pitada de sal até que fique macio.
Desfiar muito bem ou passar por um processador de alimentos.
Juntar o leite, o açúcar, as raspas de laranja e o creme de arroz.
Levar essa mistura ao fogo médio e deixar cozinhar, mexendo constantemente,
até adquirir consistência gelatinosa. Passar novamente pelo processador de
alimentos e reservar. Adicionar o cointreau e o extrato de baunilha.
Untar uma forma refratária, de preferência de barro, e despejar o manjar.
Deixar esfriar. Polvilhar com açúcar e canela e levar ao forno a 200°C
para que a superfície fique dourada e crocante.

Pastelinhos com ovos moles

· INGREDIENTES ·

Para os pastelinhos

425G DE FARINHA (2 XÍCARAS RASAS)

115G DE MANTEIGA (6 COLHERES DE SOPA)

1 GEMA

10ML DE CACHAÇA (1 COLHER DE SOBREMESA)

100ML DE ÁGUA FRIA (1/2 XÍCARA)

Para os ovos moles

240ML DE ÁGUA (1 1/2 XÍCARA)

300G DE AÇÚCAR (1 1/3 XÍCARA)

50G DE GLUCOSE (2 COLHERES DE SOPA)

24 GEMAS

20ML DE EXTRATO DE BAUNILHA (2 COLHERES DE SOPA)

Para decorar

AÇÚCAR DE CONFEITEIRO PARA POLVILHAR

· UTENSÍLIOS NECESSÁRIOS ·

ROLO, FILME PLÁSTICO, LIQÜIDIFICADOR, PENEIRA, CANUDINHOS DE INOX.

· RENDIMENTO ·

50 UNIDADES

· PREPARO ·

Para os pastelinhos

Juntar a farinha de trigo e a manteiga até formar uma farofa.
Adicionar os ingredientes líquidos, sovar bem e deixar descansar por 1 hora.
Abrir com auxílio de um rolo na espessura mais
fina possível. Fazer os canudinhos e fritar por imersão até
que fiquem dourados. Reservar.

Levar ao fogo a água, o açúcar e a glucose até chegar a 115°C.
Jogar a mistura sobre as gemas. Peneirar,
acrescentar o extrato de baunilha. Mexer e voltar ao fogo,
sempre mexendo, até tomar consistência.
Guardar na geladeira coberto com filme plástico
para não formar película.

· MONTAGEM ·

Rechear os cones de massa com os ovos moles.
Colocar os cones numa taça e polvilhar com açúcar de confeiteiro.

Peras de conserva sobre crocante de massapães e creme de baunilha

· INGREDIENTES ·

Para as peras de conserva

200ML DE ÁGUA (1 XÍCARA)

100G DE AÇÚCAR (2/3 XÍCARA)

750ML DE VINHO TINTO (1 GARRAFA)

2G DE CASCA DE LARANJA (3 CM)

2G DE CASCA DE LIMÃO (3 CM)

500G DE PERAS TIPO PORTUGUESAS DESCASCADAS (6 UNIDADES)

10G DE CANELA EM PAU (1 UNIDADE)

Para o massapão (marzipã)

100G DE AÇÚCAR (2/3 DE XÍCARA)

100ML DE ÁGUA (1/2 XÍCARA)

200G DE FARINHA DE AMÊNDOAS GROSSA (2/3 XÍCARA)

4ML DE LICOR DE AMÊNDOAS "AMARGUINHA" (1 COLHER DE CHÁ)

6ML DE ESSÊNCIA DE AMÊNDOAS (1 1/2 COLHER DE CHÁ)

Para o creme de baunilha

250ML DE LEITE (1 COPO)

1G DE FAVA DE BAUNILHA (1/4 DE UNIDADE)

30G DE AÇÚCAR (4 COLHERES DE SOPA)

3 GEMAS

Para decorar

6 CROCANTES DE MASSA PHYLLO (PALITINHOS)

· UTENSÍLIOS NECESSÁRIOS ·

FILME PLÁSTICO, LIQÜIDIFICADOR, PENEIRA,

TABULEIRO, PINCEL, TIGELA.

· RENDIMENTO ·

6 PORÇÕES

· PREPARO ·

Para as peras de conserva

*Fazer uma calda com a água e o açúcar. Quando levantar
fervura, acrescentar o vinho tinto, as cascas de laranja, o limão e a canela.
Levar ao fogo, ferver, abaixar o fogo e colocar delicadamente
as peras descascadas nessa panela. Cozinhar em fogo baixo
até que as peras fiquem cozidas. Reservar.*

Para o massapão (marzipã)

*Numa panela colocar o açúcar e a água para fazer uma calda a 115°C.
Colocar a farinha de amêndoas no processador e acrescentar a calda a fio, o licor
e a essência de amêndoas até obter uma massa bem homogênea. Processar bem.
Guardar coberta com filme plástico.*

Para o creme de baunilha

*Levar para ferver o leite e a baunilha. Em uma tigela,
misturar o açúcar com as gemas. Quando o leite ferver, jogar sobre
a mistura de gemas, até que o açúcar esteja dissolvido.
Retornar ao fogo, mexendo sempre até que fique cremoso. Retirar do fogo, passar
pela peneira e deixar repousar sobre uma tigela com gelo. Reservar*

· FINALIZAÇÃO ·

*Cortar as peras em três partes. Abrir o massapão com espessura de 2mm,
porcionar em círculos de aproximadamente 5cm de diâmetro (de acordo
com o tamanho das peras). Cortar dois discos de massapão por pêra.
No fundo do prato colocar o creme de baunilha. Montar a pêra no centro
do creme, alternando uma parte de pêra e um disco de massapão.
Decorar apoiando o crocante de massa phyllo na pêra.*

Pudim de toucinho

{TORTA DE TOUCINHO}

· INGREDIENTES ·

650G DE AÇÚCAR (4 XÍCARAS)

650ML DE ÁGUA (3 XÍCARAS)

50G DE TOUCINHO DE PORCO PICADO

CASCA DE 1 LIMÃO

10G DE CANELA EM PAU (1 UNIDADE)

15 GEMAS

60ML DE VINHO DO PORTO (1/4 DE XÍCARA)

· UTENSÍLIOS NECESSÁRIOS ·

8 FORMAS INDIVIDUAIS (4CM DE DIÂMETRO X 4CM DE ALTURA),
PENEIRA, COADOR.

· RENDIMENTO ·

8 PORÇÕES

· PREPARO ·

Misturar numa panela 500g de açúcar com 500ml de água e levar ao fogo.
Adicionar o toucinho, a casca de limão e a canela e deixar
reduzir à metade (ponto de fio).
Com o açúcar restante e 150ml de água fazer uma calda
até ficar com a cor caramelo-claro e, com ela, cobrir o fundo das formas.
Peneirar as gemas e misturá-las ao vinho do Porto.
Coar a calda com toucinho e acrescentá-la à mistura de gemas.
Colocar essa mistura nas formas com caramelo no fundo.
Cobrir cada forma com papel-alumínio e levá-las a cozinhar
em banho-maria no forno a 150°C por aproximadamente 2 horas.

· FINALIZAÇÃO ·

Servir o pudim com sorbet de laranja e redução de vinho do Porto.

Queijadinha

{QUEIJADINHA}

· INGREDIENTES ·

100G DE AÇÚCAR (8 COLHERES DE SOPA)

350G DE COCO FRESCO RALADO (3 1/2 XÍCARAS)

100G DE FARINHA DE TRIGO (13 COLHERES DE SOPA)

50G DE QUEIJO RALADO (6 1/2 COLHERES DE SOPA)

5 OVOS

75G DE MANTEIGA DERRETIDA (4 COLHERES DE SOPA)

300ML LEITE PARA DAR O PONTO (1 1/2 XÍCARA)

· UTENSÍLIOS NECESSÁRIOS ·

FORMAS DE SILICONE OVAIS DE 5CM X 2CM.

· RENDIMENTO ·

80 UNIDADES

· PREPARO ·

*Em um recipiente, colocar o coco ralado, o açúcar, a farinha,
o queijo e a manteiga. Misturar bem com o auxílio de uma colher.
Acrescentar os ovos ligeiramente batidos. Mexer batendo com uma espátula.
Adicionar o leite aos poucos até obter uma mistura lisa.
Encher as forminhas de silicone com a massa e assar em forno
pré-aquecido a 180°C por 20 minutos.*

Sericaia

{TIGELADA DE LEITE}

· INGREDIENTES ·

500ML DE LEITE (2 COPOS)

4G DE CASCA DE LIMÃO-SICILIANO, SEM A PARTE BRANCA (3 CM)

10G DE CANELA EM PAU (1 UNIDADE)

2G DE FAVA DE BAUNILHA (1/3 DE UNIDADE)

60G FARINHA DE TRIGO (1/2 XÍCARA)

6 GEMAS

150G DE AÇÚCAR (12 1/2 COLHERES DE SOPA)

4 CLARAS

18G DE CANELA EM PÓ PARA POLVILHAR (2 COLHERES DE SOPA)

5G DE RASPAS DE LIMÃO-SICILIANO (1 COLHER DE SOBREMESA)

2G DE SAL FINO (1 COLHER DE CAFÉ)

· UTENSÍLIOS NECESSÁRIOS ·

PENEIRA, VASILHA REFRATÁRIA OU RAMEQUIM.

· PREPARO ·

*Numa panela, levar ao fogo para ferver o leite com a casca de limão,
a canela e a baunilha. Fazer uma infusão por 10 minutos.
Resfriar. Peneirar e então dissolver a farinha neste leite aromatizado.
Bater as gemas com o açúcar numa tigela até se obter
um creme fofo e esbranquiçado. Juntar então a mistura ao leite,
devendo ficar tudo bem homogêneo e sem grumos.
Levar esse preparado para cozinhar e espessar bem sobre fogo médio,
mexendo constantemente até desgrudar. Adicionar as raspas de limão. Resfriar
imediatamente. Bater as claras em neve bem firmes e então incorporá-las
delicadamente à mistura anterior – como se faz para o suflê.
Numa vasilha refratária ou ramequim untado e polvilhado com farinha de trigo,
colocar o creme em colheradas desencontradas como se fizesse escamas.
Polvilhar a superfície com a canela em pó e levar ao forno a 180°C
por aproximadamente 20 minutos. Servir imediatamente.*

Sopa de castanha-do-pará brûlée com cupuaçu em compota

{SOPA DE AMÊNDOA}

· INGREDIENTES ·

Para a sopa de castanha-do-pará brûlée

250ML DE CREME DE LEITE (1 XÍCARA)

250ML DE LEITE (1 XÍCARA + 2 COLHERES DE SOPA)

100G DE CASTANHA-DO-PARÁ PROCESSADA (FARINHA) (1 XÍCARA)

10 GEMAS

80G DE AÇÚCAR REFINADO (1/2 XÍCARA)

20G DE AÇÚCAR CRISTAL (2 COLHERES DE SOPA)

Para a compota de cupuaçu

500G DE POLPA DE CUPUAÇU

70G DE AÇÚCAR (6 COLHERES DE SOPA)

Para a decoração

6 CROCANTES DE AMÊNDOAS

6 BUQUÊS DE HORTELÃ

· UTENSÍLIOS NECESSÁRIOS ·

LIQÜIDIFICADOR, PENEIRA, RAMEQUINS, MAÇARICO.

· RENDIMENTO ·

6 PORÇÕES

· PREPARO ·

Para a geléia de cupuaçu

Juntar os ingredientes em uma panela e deixar reduzir em fogo baixo até a consistência de geléia.

Para a sopa de castanha-do-pará

Ferver o creme de leite, o leite e as castanhas processadas.
Levar ao liqüidificador até obter um creme homogêneo.
Passar por uma peneira fina e misturar
com as gemas batidas com o açúcar. Peneirar.
Colocar em ramequins e levar ao forno em
banho-maria a 100 °C por aproximadamente 30 minutos.
Resfriar muito bem e, na hora de servir,
despejar uma camada fina de açúcar cristal sobre a base
do creme e queimar com um maçarico.

· MONTAGEM ·

Colocar a compota de cupuaçu bem no centro do creme
de castanhas queimado. Apoiar o crocante de castanha na compota
de cupuaçu e finalizar colocando o buquê de hortelã.

Sopa dourada de nata

· INGREDIENTES ·

Para o pão rústico

MASSA 1

5G DE FERMENTO FRESCO (1 COLHER DE CHÁ)

75ML DE ÁGUA (5 COLHERES DE SOPA)

40G DE IOGURTE (3 COLHERES DE SOPA)

120G DE FARINHA DE TRIGO (1 XÍCARA)

MASSA 2

240G DA MASSA 1

500G DE FARINHA DE TRIGO (4 XÍCARAS)

20G DE SAL (1 COLHER DE SOPA)

5G DE FERMENTO FRESCO (1 COLHER DE CHÁ)

220ML DE ÁGUA (1 XÍCARA)

Para a sopa dourada

4 PÃES RÚSTICOS CORTADOS EM FATIAS FINAS

6 OVOS INTEIROS

120G DE CREME DE LEITE (1/2 XÍCARA)

48G DE AÇÚCAR (4 COLHERES DE SOPA)

9G DE CANELA EM PÓ (1 COLHER DE SOPA)

40G DE MANTEIGA SEM SAL (2 COLHERES DE SOPA)

Para polvilhar

72G DE AÇÚCAR (6 COLHERES DE SOPA)

4,5G DE CANELA EM PÓ (1/2 COLHER DE SOPA)

· UTENSÍLIOS NECESSÁRIOS ·

FILME PLÁSTICO, TABULEIRO.

Para o pão rústico

*Dissolver o fermento na água e acrescentar o iogurte e a farinha de trigo.
Juntar todos os ingredientes para se obter uma massa homogênea.
Cobrir com filme plástico e deixar fermentar por aproximadamente 1 hora.
Após 1 hora, acrescentar à massa 1 fermentada os demais
ingredientes da massa 2 e sovar bem. Modelar em formato de pão de forma.
Deixar crescer até dobrar de volume. Assar em forno preaquecido por
aproximadamente 20 minutos. Resfriar bem antes de manusear.*

Para a sopa dourada

*Misturar os 6 ovos. Untar um tabuleiro com manteiga, banhar as fatias
de pão, uma a uma, na mistura de ovos, e sobrepô-las até obter a altura
de 5cm a 6cm. Fazer 6 unidades dessas. Na sobra da mistura de ovos,
acrescentar o creme de leite, o açúcar e a canela em pó. Cobrir as torres
de pão com essa mistura. Polvilhar açúcar e canela e levar para dourar
em forno preaquecido a 200°C por 5 minutos. Servir quente ou frio.
Obs.: Essa receita é chamada de sopa dourada porque, tradicionalmente,
era montada em camadas e servida em pratos de sopa.*

RECEITAS BÁSICAS

Azeite de hortelã

· INGREDIENTES ·

100G DE HORTELÃ (SÓ AS FOLHAS) (1 1/2 XÍCARA)

200ML DE AZEITE EXTRAVIRGEM (1 XÍCARA)

· UTENSÍLIOS NECESSÁRIOS ·

LIQÜIDIFICADOR, TOALHA OU FILTRO DE PAPEL.

· RENDIMENTO ·

100ML

· PREPARO ·

Branquear as folhas de hortelã em água fervente
e colocá-las imediatamente num recipiente
com água bem gelada para dar o choque térmico.
Espremer bem as folhas com as mãos para tirar o excesso
de água e bater com o azeite no liqüidificador.
Coar utilizando toalha ou filtro de papel para que o azeite fique o mais
transparente possível. Esse processo de decantação demora cerca
de 4 horas. Isso deve ser feito na geladeira.

Caldo de frango claro

· INGREDIENTES ·

3,5KG DE CARCAÇA DE FRANGO

5,5 LITROS DE ÁGUA FRIA

400G DE CEBOLA PICADA (2 XÍCARAS)

250G CENOURA PICADA (2 UNIDADES PEQUENAS)

250G DE AIPO PICADO (25 GALHOS)

50G DE GALHOS DE SALSA (4 1/2 COLHERES DE SOPA)

40G DE GALHOS DE TOMILHO (12 GALHOS)

2 FOLHAS DE LOURO

4G DE PIMENTA EM GRÃO (1 COLHER DE SOBREMESA)

100G DE ALHO (20 DENTES)

· RENDIMENTO ·

3 LITROS

· PREPARO ·

*Lavar bem os ossos, colocá-los numa panela, cobrir
com a água e levar ao fogo. Deixar ferver,
abaixar o fogo e deixar cozinhar lentamente por quatro horas.
Retirar as impurezas com uma concha.
Adicionar os demais ingredientes e deixar cozinhar
lentamente por mais uma hora. Peneirar o caldo.*

Caldo de frango escuro

· INGREDIENTES ·

3,5KG DE CARCAÇA DE FRANGO

115ML DE ÓLEO (1/2 XÍCARA + 1 COLHER DE SOPA)

5,5 LITROS DE ÁGUA FRIA

400G DE CEBOLA PICADA (2 XÍCARAS)

250G CENOURA PICADA (2 UNIDADES PEQUENAS)

250G DE AIPO PICADO (25 GALHOS)

100G DE ALHO (20 DENTES)

150G DE EXTRATO DE TOMATE (10 COLHERES DE SOPA)

50G DE GALHOS DE SALSA (4 1/2 COLHERES DE SOPA)

40G DE GALHOS DE TOMILHO (12 GALHOS)

2 FOLHAS DE LOURO

4G DE PIMENTA EM GRÃO (1 COLHER DE SOBREMESA)

Lavar e secar bem os ossos da carcaça.
Colocar os ossos em um tabuleiro com metade do óleo e levá-los
ao forno a 170 °C até pegar bastante cor.
Em uma panela com a água, colocá-los para cozinhar
por aproximadamente 5 horas.
Retirar as impurezas com uma concha.
Em outra panela, esquentar o restante do óleo, refogar
os legumes e acrescentar o extrato de tomate.
Depois que pegarem bastante cor, adicionar a carcaça do frango cozida.
Com os temperos, fazer um bouquet garni e juntá-lo
ao caldo de legumes e frango.
Ferver e deixar cozinhando por mais 1 hora.

Caldo de legumes

100ML DE ÓLEO (1/2 XÍCARA)

400G DE CEBOLA PICADA (2 XÍCARAS)

100G DE ALHO (20 DENTES)

300G DE ALHO-PORÓ (3 UNIDADES)

150G DE AIPO (15 GALHOS)

150G DE CENOURA (1 UNIDADE PEQUENA)

150G DE FUNCHO (3 UNIDADES)

4 LITROS DE ÁGUA

50G DE GALHOS DE SALSA (4 1/2 COLHERES DE SOPA)

40G DE GALHOS DE TOMILHO (12 GALHOS)

2 FOLHAS DE LOURO

4G DE PIMENTA EM GRÃOS (1 COLHER DE SOBREMESA)

5 CRAVOS

0,5G DE SEMENTE DE FUNCHO

*Esquentar uma panela com o óleo e refogar os legumes sem deixar
pegar cor. Adicionar a água e os temperos.
Deixar ferver, abaixar o fogo e cozinhar lentamente por 1 hora.*

Caldo de pato escuro

· INGREDIENTES ·

3,5KG DE CARCAÇA DE PATO

115ML DE ÓLEO (1/2 XÍCARA + 1 COLHER DE SOPA)

5,5 LITROS DE ÁGUA FRIA

400G DE CEBOLA PICADA (2 XÍCARAS)

250G CENOURA PICADA (2 UNIDADES PEQUENAS)

250G DE AIPO PICADO (25 GALHOS)

100G DE ALHO (20 DENTES)

150G DE EXTRATO DE TOMATE (10 COLHERES DE SOPA)

50G DE GALHOS DE SALSA (4 1/2 COLHERES DE SOPA)

40G DE GALHOS DE TOMILHO (12 GALHOS)

2 FOLHAS DE LOURO

4G DE PIMENTA EM GRÃOS (1 COLHER DE SOBREMESA)

· RENDIMENTO ·

6,8 LITROS

· PREPARO ·

*Lavar e secar bem os ossos da carcaça.
Colocar os ossos em um tabuleiro com metade do óleo e levá-los
ao forno a 170°C até pegar bastante cor.
Em uma panela com a água, colocá-los para cozinhar
por aproximadamente 5 horas.
Retirar as impurezas com uma concha.*

*Em outra panela, esquentar o restante do óleo, refogar
os legumes e acrescentar o extrato de tomate.
Depois que pegarem bastante cor, adicionar a carcaça do pato cozida.
Com os temperos, fazer um bouquet garni e juntá-lo
ao caldo de legumes e pato.
Ferver e deixar cozinhando por mais 1 hora.*

Caldo de peixe

5KG DE CARCAÇA DE PEIXE

4,5 LITROS DE ÁGUA

350G DE CEBOLA PICADA (1 3/4 DE XÍCARA)

250G DE ALHO-PORÓ (2 1/2 UNIDADES)

250G DE AIPO (25 GALHOS)

100G DE FUNCHO (2 UNIDADES)

100G DE PÉS DE COGUMELO (1 XÍCARA)

50G DE GALHOS DE SALSA (4 1/2 COLHERES DE SOPA)

40G DE GALHOS DE TOMILHO (12 GALHOS)

2 FOLHAS DE LOURO

4G DE PIMENTA EM GRÃO (1 COLHER DE SOBREMESA)

100G DE ALHO (20 DENTES)

· UTENSÍLIO NECESSÁRIO ·

PENEIRA

· RENDIMENTO ·

3 LITROS

· PREPARO ·

*Lavar bem as carcaças de peixe. Numa panela, misturar
todos os ingredientes. Deixar ferver, abaixar o fogo e cozinhar
por 40 minutos, retirando as impurezas com
uma concha. Peneirar o caldo.*

Caldo de vitela escuro

· INGREDIENTES ·

3,5KG DE OSSOS DE VITELA

115ML DE ÓLEO (1/2 XÍCARA)

5,5 LITROS DE ÁGUA

500G DE CEBOLA PICADA (2 1/2 XÍCARAS)

350G DE CENOURA (2 UNIDADES MÉDIAS)

150G DE AIPO (15 GALHOS)

150G DE ALHO-PORÓ (1 1/2 UNIDADE)

150G DE EXTRATO DE TOMATE (10 COLHERES DE SOPA)

60G DE GALHOS DE SALSA (5 COLHERES DE SOPA)

40G DE GALHOS DE TOMILHO (12 GALHOS)

3 FOLHAS DE LOURO

5G DE PIMENTA EM GRÃO (1 COLHER DE SOBREMESA)

150G DE ALHO (30 DENTES)

· RENDIMENTO ·

2 LITROS

· PREPARO ·

*Lavar bem os ossos e secá-los bem. Colocar os ossos num
tabuleiro com metade do óleo e levar ao forno a 170°C
até pegarem bastante cor.
Levar então os ossos ao fogo numa panela com água, deixar ferver,
abaixar o fogo e cozinhar lentamente por 5 horas.
Retirar as impurezas com uma concha.
Numa outra panela, esquentar o restante do óleo,
colocar os legumes e o extrato de tomate. Deixar pegar bastante cor
e acrescentar o caldo de vitela que já cozinhou por 5 horas.
Acrescentar os temperos amarrados.
Ferver e deixar cozinhar lentamente por mais 1 hora.
Dica: para fazer a glace de vitela, reduzir 1 litro de
caldo de vitela escuro a 150ml.*

Manteiga clarificada

· INGREDIENTES ·

100G DE MANTEIGA SEM SAL (5 COLHERES DE SOPA)

· RENDIMENTO ·

80G

· PREPARO ·

Derreter a manteiga no microondas até
formar uma camada branca na superfície.
Retirar essa camada delicadamente com uma colher,
deixando a manteiga límpida.

Editora Senac Rio

EDITORA
Andrea Fraga d'Egmont

COORDENAÇÃO EDITORIAL
Elvira Cardoso

EDITORIAL
Cristiane Pacanowski,
Karine Fajardo, Lilia Zanetti,
Mariana Rimoli e Paulo Serpa

PRODUÇÃO
Andrea Ayer (coordenadora)
e Marcia Maia

COMERCIAL E MARKETING
Adriana Rocha (coordenadora),
Alexandre Martins, Flávia Cabral,
Joana Freire, Marjory Lima
e Robson Vieira

LOGÍSTICA
Allan Narciso, Jorge Barbosa,
Leandro Pereira e Rony Roger

ADMINISTRATIVO
Decio Luiz Pessanha (coordenador),
Alex Marques, Aline Costa,
Garciele Gomes e Michelle Narciso

Créditos fotográficos

PÁGINAS 28-29
Museu Nacional de Arte Antiga
Foto Carlos Monteiro / Divisão de
Documentação Fotográfica – IMC, I.P.

PÁGINAS 26-27, 43, 44
Museu Nacional de Arte Antiga
Foto José Pessoa / Divisão de
Documentação Fotográfica – IMC, I.P.

PÁGINAS 20, 46
Museu Nacional de Arte Antiga
Foto Luís Pavão / Divisão de
Documentação Fotográfica – IMC, I.P.

PÁGINAS 2-3, 24-25
Museu de Grão Vasco
Foto José Pessoa / Divisão de
Documentação Fotográfica – IMC, I.P.

PÁGINAS 6, 33, 34-35, 38-39, 40
Museu de Évora / Foto José Pessoa /
Divisão de Documentação Fotográfica –
IMC, I.P.

PÁGINAS 8, 30, 36
FRESS, Museu Escola de Artes
Decorativas Portuguesas, Lisboa

PÁGINAS 17, 18
Fundação Biblioteca Nacional,
Rio de Janeiro
Fotos Gustavo Lopes

PÁGINAS 242 A 326
Fotos Sergio Pagano

Os objetos usados nas fotos das receitas
de Flávia Quaresma foram gentilmente
cedidos por Roberto Simões,
Rachel Presentes, Scenario Fusion,
Tutto per la Casa, Secrets de Famille
e Ieda Spinola.

CIP-BRASIL. CATALOGAÇÃO-NA-FONTE
SINDICATO NACIONAL DOS EDITORES DE LIVROS, RJ

R612a

Rodrigues, Domingos, 1637-1719
   Arte de cozinha, 1680 / Domingos Rodrigues ; com 31 receitas
atualizadas [e adaptadas] por Flávia Quaresma ; Paula Pinto e Silva,
introdução, [coordenação de preparação de texto e revisão técnica] ;
Sergio Pagano, fotografias. - Rio de Janeiro : Ed. Senac Rio, 2008.
   336p. : il. color. ; 15,7 x 23 cm

   ISBN 978-85-7756-031-8

   1. Culinária portuguesa - Obras anteriores a 1800. I. Quaresma, Flávia,
II. Silva, Paula Pinto e, 1974-. III. Pagano, Sergio. IV. Título.

08-2414.   CDD: 641.59469
                                            CDU: 641.5(469)

A Editora Senac Rio publica livros nas áreas
de gastronomia, design, administração, moda,
responsabilidade social, educação, marketing,
beleza, saúde, cultura, comunicação, entre outras.

Visite o site www.rj.senac.br/editora,
escolha os títulos de sua preferência e boa leitura.

Fique atento aos nossos próximos lançamentos!
À venda nas melhores livrarias do país.

Editora Senac Rio
Tel.: (21) 2510-7100
Fax: (21) 2240-9656

Editora Senac São Paulo
Tel.: (11) 2187-4450
Fax: (11) 2187-4486

Disque Senac: (21) 4002-2002

Este livro foi composto na tipologia Fournier,
desenhada por Pierre Simon Fournier (1712-1768),
e impresso em papéis couché 150 g/m² e
pólen 90 g/m², em agosto de 2008.